우리 함께 떠나요

우리 함께 떠나요

유튜버 무여 스님의
아름다운 사찰 여행

무여 지음

담앤북스

부처님오신날을 맞아 온 세상이 아름다운 연등과 화려한 꽃으로 장엄되고 있습니다. 매년 이맘때쯤이면 참 좋은 날에 부처님이 이 땅에 오셨구나, 부처님은 정말 복이 많으신 분이구나 생각하곤 합니다.

부처님께서 이 땅에 오신 까닭은 고통받는 중생을 가엾이 여기시고, 모든 중생을 제도하기 위해서입니다. 자비로운 원력으로 우리 곁에 오신 부처님!

저도 부처님을 따라 '상구보리 하화중생'의 원력을 세우고 출가한지 벌써 20년이 넘었습니다. 처음 출가했을 때의 마음으로 지금도 여일하게 수행 정진하고 있는지 돌아볼 때마다 부끄러운 마음이 큽니다.

이렇게 부족함 많은 제가 부처님의 은혜를 조금이라도 갚기 위해 용기를 내어 시작한 일이 유튜브 '아름다운 사찰 여행'입니다. 사찰 여행을 하며 가장 깊이 느낀 점은 길에서 만난 스님과 불자 모두가 저의 선지식이라는 사실입니다. 마치 선재 동자가 53 선지식을 찾아 나서 결국 큰 깨달음을 얻었듯, 저도 사찰 여행을 통해 선지식들께 소중하고 값진 가르침을 얻을 수 있었습니다.

때로는 칭찬으로, 때로는 격려와 위로로, 때로는 경책으로 저를 응원해 주신 모든 분들께 감사의 인사를 어떻게 전해야 할지 모르겠습니다. 저에게는 한 분 한 분 소중한 인연이기에 마음 깊이 그분들의 건강과 행복을 축원합니다.

재미있는 것이 넘쳐나는 요즘, 부족함 많은 '무여 스님 TV'를 시청하고 응원해 주시는 분들께도 이 자리를 빌려 감사를 전하고 싶습니다.

'걸음걸음이 곧 도량[步步是道場]'이라는 『선림유취』의 구절을 가슴에 새기며, 오늘도 내딛는 걸음걸음이 부처님 같은 마음과 말과 행동이 되도록 노력하겠습니다.

불기 2567년 5월 부처님오신날을 맞이하며
무여 합장

여름

가을

겨울

봄

강화 전등사

전등사(傳燈寺)라는 이름에는 '등불을 밝혀 어둠을 물리친다. 불교의 가르침을 널리 펴 세상을 이롭게 한다.'는 뜻이 담겨 있다. 그래서인지 전등사라고 하면 '시작'이라는 단어가 떠오른다. '시작이 반이다.'라는 말이 있듯 뭐든 시작이 어렵다. 특히 나처럼 새로운 것에 대한 두려움이 큰 사람은 첫발을 내딛기가 쉽지 않다. 그래도 용기를 내 보았다. 사찰의 아름다움과 가치를 많은 사람에게 알리고 싶다는 원(願)을 세운 터다.

사찰 여행의 시작을 어디서 해야 할까? 나는 전등사를 선택했다. 이유는 단순했다. 우리나라에서 가장 오래된 사찰인 데다 내가 있는 곳에서 멀지 않기 때문이다. 381년(고구려 소수림왕 11)에 아도 화상이 처음 창건한 전등사는 현존하는 우리나라 사찰 중 가장 긴 역사를 가진 절이다.

전등사에 대한 조사를 마친 후 막연한 자신감으로 야심 차게 액션 캠을 들고 나섰다. 그런데 첫 촬영이다 보니 혼자 사찰 소개하랴 카메라에 풍광을 담으랴, 쉽지 않았다. 불길함이 엄습해 왔다. 과연 영상이 잘 나올까? 그래도 계획했던 영상은 모두 촬영했다는 데 안도하며 서둘러 돌아와 카메라를 확인했다. 아뿔싸! 예상이 맞았다. 눈앞에 보이는 것은 편집에 쓸 수 없는 영상들뿐. 머릿속이 하얘졌다. 대체 무엇을 찍은 것인지, 나 자신이 무척 한심하게 느껴졌다. 남들이 찍은 영상을 볼 때는 아주 쉬워 보였는데…. 역시 보는 것과 직접 하는 것에는 상당한 차이가 있다는 것을 뼈저리게 느꼈다.

두 번째 촬영을 위해 다시 전등사로 향했다. 첫 촬영 때 너무 긴장해서 그런지 이번에는 왠지 좀 더 익숙하게 느껴진다. 그런데 길을 걸어가며 사찰을 소개하다 보니 숨이 차고 목소리도 크게 나오지 않았다. 촬영하는 모습을 누군가 쳐다보면 너무 부끄러워서 어디론가 숨고 싶어진다. 이래서야 촬영이나 제대로 할 수 있을지, 자신감이 사라진다.

고민만 하다 또다시 며칠이 흘렀다. 마지막 기회다. 이번에는 오래 인연이 있는 보살님이 동행을 자처했다. 혼자서는 도저히 촬영하기 힘들다는 것을 알고 도움의 손길을 내민 것이다. 함께 전등사로 향하는 동안 깊게 숨을 가다듬었다.

세 번째 촬영 날에는 눈이 내렸다. 계획한 것은 아닌데 설경을 담

사찰 여행의 첫 출발지인 전등사는
우리나라에서 가장 오래된 사찰이다.

을 수 있어 행복했다. 눈을 맞으며 행복해하는 모습이 영상에 고스란히 담겼다. 완벽하지는 않았지만 이날 촬영한 영상을 편집해 유튜브에 올리고 싶었다. 이렇게 세 번의 도전 끝에 만들어진 결과물이 2019년 3월 3일 유튜브 채널 '무여 스님 TV'에 업로드된 '아름다운 사찰 여행의 시작, 전등사 편'이다.

전등사 출입구는 동문과 남문 두 군데다. 동문이나 남문을 지나 경내로 들어가면 가장 먼저 윤장대(輪藏臺)를 만나게 된다. 윤장대는 경전을 넣은 팔각형의 책장으로, 손잡이를 잡고 돌리면 경전을 읽은 것과 같은 공덕을 쌓을 수 있다고 한다. 윤장대 옆으로는 수령 500년이 넘는 은행나무 두 그루가 서 있다.

전등사에서 가장 중요한 전각은 대웅보전이다. 현재의 건물은 1621년(광해군 13)에 지어진 정면 3칸, 측면 3칸의 목조건물로 보물로 지정되어 있다. 대웅보전 처마 밑에는 재밌는 조각상이 있다. 바로 벌거벗은 여성의 모습을 표현한 '나부상(裸婦像)'이다. 전설에 따르면 대웅전 중수를 맡은 도편수가 자기 돈을 가지고 도망가 버린 여인이 부처님 말씀을 들으며 참회하라는 뜻으로 조각한 것이라고 한다(참고로 나찰이나 원숭이, 부처님의 전생이라는 설도 있다). 나부상은 대웅보전 처마 네 귀퉁이를 받치고 있는데 익살스러우면서 한편으로는 안쓰럽기도 하다.

좋은 인연을 만나면 행복하지만, 간혹 나쁜 인연을 만나면 삶이 고달프지 않은가? 나부상을 보며 우리가 상대에게 악연의 고리가 되지는 않았는지 반추해 보게 된다. 인연을 어떻게 이어갈 것인지는 각자의 몫이자 책임이다. 좋은 인연은 좋게 이어가고 나쁜 인연은 좋게 풀어야 한다. 부처님께서는 "처음도 좋고 중간도 좋고 마지막도 좋아야 한다."고 말씀하셨는데 이를 인연에 빗대어 생각해 본다. 처음은 누구나 좋을 수 있지만 마지막까지 좋기 위해서는 부단한 노력이 뒷받침되어야 한다.

대웅보전 옆쪽에 나 있는 길을 따라 올라가다 보면 정족산사고(鼎足山史庫)가 나온다. 조선 시대에는 궁궐의 춘추관과 충청도 충주, 경상도 성주, 전라도 전주에 각각 사고를 설치하고 역대 실록을 분산 보관했다. 그러다가 임진왜란으로 전주를 제외한 사고들이 불타버리자, 유일하게 보존된 전주본을 이곳 정족산사고에 비장(祕藏)했다. 정족산사고본 중 실록은 일제강점기에 조선총독부와 경성제국대학을 거쳐 현재 서울대학교 규장각에 보관되어 있다. 정족산사고가 언제 없어졌는지는 정확히 알 수 없으나 지금의 건물은 1999년에 복원한 것이다. 역사적 의미가 있는 곳이니 꼭 찾아보기를 바란다. 보물로 지정된 전등사 범종과 약사전도 찾아볼 만하다.

전등사는 해마다 정월 대보름에 달집태우기를 한다. 달집태우기는 생솔 가지나 나뭇더미를 쌓아 달이 뜰 때 태워서 액운을 없애는 세시 풍속인데, 달집이 훨훨 타야 마을이 태평하고 풍년이 든다고 전해진다. 마침 정월 대보름을 앞두고 달집을 세워 두었기에 많은 이들이 보름달을 보며 복을 빌고 새봄의 기운을 맞이하길 기원했다.

전등사 대웅보전 처마를 받치고 있는 나부상(裸婦像).

　내가 좋아하는 곳은 전통차 전문점인 죽림다원이다. 추운 날씨에
밖에서 오돌오돌 떨다 벽난로가 있는 따뜻한 찻집에서 마신 대추차
한 잔은 그야말로 감동이었다. 친절한 찻집 보살님의 미소가 마음을
따뜻하게 녹여주었다. 불교에서는 재물 없이도 남에게 베풀 수 있는
일곱 가지 보시[無財七施] 중 부드러운 얼굴로 남을 대하는 화안시(和
顔施)를 으뜸으로 꼽는다. 먼저 상냥하고 따뜻한 미소를 지어 주는 것
만으로도 상대를 행복하게 할 수 있다. 뇌과학에서 기억은 '감정'이
라고 한다. 내게는 죽림다원에서 느꼈던 벽난로의 따뜻함, 대추차의
달콤함, 보살님의 미소가 '좋은 감정'으로 생생하게 남아 있다.

　운문 선사의 가르침 중 '일일시호일(日日是好日)'이라는 법문이 있
다. '날마다 좋은 날 되소서'라는 뜻이다. 오늘은 내 인생에서 처음이

전등사는 마을의 평안과 풍년을 기원하며
해마다 정월 대보름에 달집태우기를 한다.

자 마지막인, 단 한 번뿐인 삶이다. 과거가 있기에 오늘이 있고, 오늘이 있기에 내일이 있다. 순간순간이 값지고 소중한 날이다. 촬영을 위해 세 번이나 다녀온 전등사는 내 사찰 여행의 '첫날'로 기록됐다.

시작이 어려운 사람들에게 말하고 싶다. 자신감과 용기를 가지고 한번 도전해 보라고, 우리에게는 무한한 가능성과 잠재력이 있다고 말이다. 설령 실패하더라도 그 속에서 우리는 다시 배울 수 있고 성장할 수 있기 때문이다.

'무여 스님 TV'
전등사 편
바로 보기

사찰 정보

강화 전등사　　인천광역시 강화군 전등사로 37-41
032-937-0125
템플스테이 운영

함께 볼 만한 곳

강화 보문사

바다를 내려다보는 자애로운 마애관음보살로 유명한 강화 보문사는 양양 낙산사, 남해 보리암과 함께 우리나라 3대 관음성지로 손꼽힌다. 낙가산 중턱 일명 '눈썹바위'에 새겨진 마애관음보살좌상은 비교적 근현대인 1928년 조성됐지만 영험함이 널리 알려져 많은 이들이 찾고 있다. 2017년 강화도와 석모도를 잇는 석모대교가 개통해 더욱 편하게 참배할 수 있다.

순천 금둔사

|

납월매로
봄을 알리는 사찰

우리나라에서 매화가 가장 먼저 핀다는 순천 금둔사로 향한다. 음력 12월, 금둔사 곳곳에는 붉은 매화가 피어나고 있다. 하얀 눈 속에 피어난 매혹적인 붉은색의 납월매(臘月梅)는 금둔사의 자랑이다. 하루라도 먼저 매화를 만나기 위해 많은 사람이 늦겨울과 초봄 사이에 금둔사를 참배한다.

사찰 초입 안내판에는 이렇게 적혀 있다. "금둔사 도량에는 청매, 설매, 홍매 등 한국 토종 매화 100여 그루가 있으며, 봄소식을 가장 먼저 알려 주는 납월 홍매화는 6그루가 있습니다." 납월매는 눈 덮인 추운 겨울날 꽃을 피우기 때문에 설중매(雪中梅)라고도 불린다. 꽃말은 고결, 인내, 충실, 맑은 마음이다. 납월매의 자태를 상상해 본다. 새하얀 눈과 정열적인 붉은 꽃이 절묘하게 조화를 이루어 보는 이의 시선을 끌었으리라.

납월매가 매서운 추위 속에서 곱고 향기로운 꽃을 피워 내듯, 우리의 삶도 고난과 역경 속에서 더욱 단련되어 수행의 꽃을 피워 낼 수 있으리라. 뒤돌아보면 힘들고 고통스러웠던 순간이 나를 성장케 하는 원동력이 됐다. 그 어려움을 극복해야 한 단계 성장할 수 있는 것이다. 마치 온실 속 화초는 조금만 환경이 바뀌어도 살아남지 못하지만, 돌 틈에서 자라는 잡초는 어떤 환경에서도 살아남는 것과 같다. 지금 고난과 역경을 겪고 있다면, 나에게 전화위복의 기회가 왔음을 깨닫고 잘 극복해 나가기를 바란다.

금둔사 일주문에는 '금전산 금둔사'라는 서예가 소암 현중화(1907~1997) 선생의 현판이, 후면에는 '세계일화조종육엽(世界一花祖宗六葉)'이라는 추사 김정희(1786~1856) 선생의 현판이 걸려 있다. '세계일화조종육엽'은 세계는 한 송이 꽃이고 조사는 여섯 잎으로 피어 있다는 뜻인데, 세계는 곧 부처를 의미하고 여섯 잎은 초조 달마 대사부터 육조 혜능 스님까지 여섯 분의 조사 스님들을 의미한다.

일주문 옆 바위에는 '만법귀일 일귀하처(萬法歸一 一歸何處)'라는 화두가 새겨져 있다. '만 가지 법이 하나로 돌아가는데, 하나는 어디로 돌아가는가.'라는 조주종심(趙州從諗, 778~897) 선사의 화두다. 『벽암록』에는 '조주청주포삼(趙州青州布衫)'이라는 선문답이 나온다.

한 스님이 조주 스님에게 물었다.

순천 금둔사는 우리나라에서 매화가 가장 먼저 피는 곳이다.

"모든 것이 하나로 돌아가는데, 그 하나는 어디로 돌아갑니까?"

조주 스님이 대답했다.

"나는 청주에 있을 때 베적삼 하나를 만들었는데, 그 무게가 일곱 근이었다."

언어가 끊어진 자리, 생각 이전의 자리를 참구(參究)해야 이 화두의 뜻을 비로소 알 수 있을 것이다. 금둔사를 참배하면서 이 화두를 계속 참구해 본다.

금둔사는 『신동국여지승람(新東國與地勝覽)』 낙안조(樂安條)의 기록과 금둔사지 석조불비상(보물)의 비문 기록 그리고 금둔사지 삼층석탑(보물)을 통해 창건 연대가 통일신라 시대로 추정됐다. 그러다 최근 수막새 등의 유물이 발굴됨에 따라 9세기경에 창건된 사찰임이 밝혀졌다. 17세기 후반에 폐사됐으나 1979년 지허 스님이 태고선원을 개설하고 복원 불사해 한국불교태고종에 등록했다.

금둔사의 '금(金)'은 부처님을, '둔(屯)'은 싹이 돋는 것을 의미한다. 이는 '누구나 부처님이 될 수 있다'는 뜻을 담고 있다. 중심 전각인 대웅전은 정면 5칸, 측면 3칸의 다포식 팔작지붕 전각이다. 대웅전 외벽에 그려진 심우도(尋牛圖)는 우현 송영방(1936~2021) 선생의 역작이다. 심우도는 본성을 찾아 깨달음에 이르는 단계를 소를 찾는 과정에 비유한 그림이다. 깨달음을 얻으려는 마음을 일으키는 발보리심(發菩提心)부터 수행의 과정, 깨달음을 성취하여 중생을 제도하는 과

금둔사 일주문 후면 현판은 추사 김정희의 글씨다.
금둔사라는 이름은 '누구나 부처님이 될 수 있다'는 뜻을 담고 있다.

보물로 지정된 금둔사지 삼층석탑.

정이 단계별로 묘사돼 있다.

대웅전 안에는 중앙에 석가모니불이, 좌우에 가섭존자와 아난존자가 모셔져 있다. 대웅전 앞에는 팔각칠층탑과 두 개의 석등이 있고 건물 양옆에는 향나무 두 그루가 늠름한 자태를 뽐내고 있다. 오랜 세월 대웅전을 지켜 주고 있는 것 같다.

태고선원은 1985년 개원 후 10여 년간 많은 스님이 참선 수행했던 전각으로, 중앙에는 아미타삼존불과 후불탱화가 봉안되어 있다. 선원 근처 산신각 옆 석조마애석불 앞에서 멈추어 합장 기도한다. 이 마애석불은 법신불을 상징하는 비로자나불이다.

경내에 이어지는 돌담과 돌계단이 운치를 더해준다. 마치 산성을 산책하듯 가벼운 마음으로 천천히 참배한다. 끊임없는 물소리와 새소리는 늘 깨어 있으라는 법문같이 들린다. 돌담 사이를 올라 불조전(불조마애여래좌상)으로 향한다. 바위에 양각으로 과거 7불과 미래 53불, 모두 60분의 부처님이 새겨져 있다.

보물로 지정된 석불입상과 삼층석탑도 꼭 봐야 하는 금둔사의 자랑이다. 순천 금둔사지 석조불비상(石造佛碑像)은 금전산 서쪽 절터에 삼층석탑과 함께 있다. 『동국여지승람』에 '금전산에 금둔사가 있다.'라는 기록이 있어 이 절터를 금둔사로 추정하고 있다. 석조불비상은 직사각형의 평평한 돌 한쪽 면에 조각되어 마치 거대한 비석처럼 보이기도 한다. 신체는 우아하게 굴곡이 있어 부피감이 느껴지며 단아해 보인다. 양손은 가슴 위로 올려 엄지와 검지의 끝을 맞대어 설법하는 모양을 하고 있다. 불상 뒷면에 새겨진 글은 마모가 심해 읽기 어려운 상태다.

순천 금둔사지 삼층석탑은 2단의 기단 위에 3층의 탑신을 올린 모습이다. 탑신은 몸돌과 지붕돌이 각각 한 개의 돌로 되어 있다. 1층 몸돌의 앞뒷면에는 자물쇠가 달린 문짝이, 양 옆면에는 불상을 향해 공양하는 모습이 새겨져 있는데, 이 중 남쪽 문수보살은 왼 무릎을 꿇고 오른 무릎은 세운 자세로 앉아 차를 올리는 모습이다. 부처님께 차를 공양 올리는 모습에서 끝없는 정성과 공경의 마음을 느낄 수 있어 절로 숙연해졌다.

경관 또한 아름답다. 탁 트인 경치에 가슴이 시원해지고 근심과 걱정이 단번에 사라지는 듯하다. 탐욕과 성냄과 어리석음에서 벗어나 늘 여여(如如)한 이 자리에 머물고 싶다. 매서운 추위를 견디고 우리나라에서 가장 먼저 매화를 피우는 금둔사에서 내면을 성찰하게 된다. 『보왕삼매론』의 한 구절이 떠오른다.

세상살이에 곤란함이 없기를 바라지 말라. 세상살이에 곤란함이 없으면 업신여기는 마음과 사치한 마음이 생기고, 업신여기는 마음과 사치한 마음이 생기면 반드시 남을 기만하고 억누르게 되나니, '근심과 곤란으로써 해탈을 삼으라' 하셨느니라.

외유내강(外柔內剛)이라는 말처럼 겉으로는 여리고 약해 보이지만 안으로는 강인함을 갖춘 매화. 금둔사 매화의 은은한 향기를 맡으며 숭고한 절개와 때를 기다리는 미덕을 배운다.

'무여 스님 TV'
금둔사 편
바로 보기

순천 금둔사   전라남도 순천시 낙안면 상송리 산2-2
061-754-6942

함께 볼 만한 곳

순천만 국가정원과 순천만습지

대한민국 1호 국가정원으로 2013년 열린 순천만국제정원박람회를 계기로 조성됐다. 순천만은 '순천만갯벌습지보호지역'으로 지정 관리되고 있으며 2018년 7월 25일 유네스코 생물권 보전지역으로도 지정됐다.

공주 마곡사

|

춘마추갑?
산사의 봄은
느리다

2018년, 우리나라의 사찰 일곱 곳이 '산사, 한국의 산지승원'이라는 이름으로 유네스코 세계문화유산에 등재됐다. 통도사, 부석사, 봉정사, 법주사, 선암사, 대흥사 그리고 이곳 마곡사다. 마곡사는 640년 (신라 선덕여왕 9) 자장 율사가 창건한 절로, 법문을 듣기 위해 모인 사람이 삼대[麻]처럼 빽빽하게 많아서 마곡사(麻谷寺)라는 이름이 붙게 되었다고 한다. 선지식이 많이 출현하는 절이 명찰이다. 옛말에 '작은 쑥도 삼대 속에서 자라면 붙잡아 주지 않아도 스스로 곧다.'고 했다. 삼대처럼 빽빽하게 선지식들이 모인 사찰이 마곡사가 아닌가 생각해 본다.

춘마추갑(春麻秋甲). 봄에는 마곡사, 가을에는 갑사라는 말이 워낙 유명해 아름다운 봄 풍경을 기대하며 새벽 일찍 마곡사로 향했다. 일주문 앞에 주차하고 촬영 준비를 마친 때가 오전 8시쯤. 예상외로 바람이 몹시 차가웠다. '춘마추갑'이라고 소개하며 마곡사의 봄 풍경을 찍고 싶었는데…. 4월 초, 산사에는 아직 봄이 오지 않았다. 앙상한 나뭇가지를 배경으로 세찬 바람을 맞으며 "마곡사는 봄에 무척 아름답다."고 말하려니 어찌나 민망하던지. 그나마 이제 막 피기 시작한 매화가 봄이 오고 있음을 어렴풋이 알려주고 있었다. 가냘픈 매화가 얼마나 반가웠는지 모른다.

오프닝 촬영을 마치고 다시 차에 타려는데 문제가 생겼다. 자동차 스마트키는 문이 자동으로 열리고 닫힌다는 편리함이 있지만, 키를 차 안에 두고 내리는 때에도 문이 잠겨버린다는 단점이 있다. 이 사실은 나를 여러 번 당황하게 했다. 그래서 늘 키를 가지고 내리도록 주의를 기울여 왔다. 그런데 이번에는 달랐다. 잠깐 촬영하느라 서둘러 내리면서 차 키를 잊은 것이다. 철커덕. 차 문은 잠겼고 아무리 해도 열 수 없었다. 아! 나 자신이 원망스러워서 순간적으로 짜증이 났다.

이미 쏟아진 물이니 어쩔 수 없다. 심호흡하며 마음을 가다듬는다. 할 수 있는 일은 보험회사에 전화하고 기다리는 것뿐. 추운 날씨에 밖에서 기다리기 힘들어 일주문 옆에 있는 화장실에 들어갔다. 따뜻한 라디에이터로 몸을 녹였다. 어떤 경계(境界, 인과의 이치에 따라 스스로 받는 과보)를 당했을 때 당황하며 우왕좌왕하기 쉽다. 그럴 때일수록 침착하게 상황에 대처해야 한다. 짜증과 원망은 스트레스 지수를 높일 뿐이다. 심호흡하며 평정심을 유지하는 것이 바로 수행이다.

초기 불교의 가르침 중 깨달음에 이르게 하는 일곱 가지 요소를 가리키는 칠각지(七覺支)가 있다. 염각지(念覺支), 택법각지(擇法覺支), 정진각지(精進覺支), 희각지(喜覺支), 경안각지(輕安覺支), 정각지(定覺支), 사각지(捨覺支)가 그것이다. 평정심은 마지막 사각지에 해당하는데, 사각지란 어떤 일에도 마음이 흔들리거나 치우치지 않는 경지다. 단번에 이 경지에 이를 수는 없지만 일상에서 늘 평정심을 유지하려 노력해야 한다. 언제든 경계를 만나면 흔들리는 나는 아직 수행이 부족하다. 그러나 그런 경계가 나를 단단하게 만들어 주기에, 오히려 나쁜 경계를 만나면 나에게 주는 행운과 복이라고 생각한다. 또 나에게 행운이 찾아왔구나.

마곡사 초입부터 알록달록한 연등이 반겨준다. 부처님오신날 즈음이면 전국 사찰과 거리에는 연등이 걸린다. 연등은 수많은 사람의 각기 다른 소원을 품고 있다. 부디 그들의 간절한 바람이 이루어지기를 두 손 모아 기도한다. 해탈문, 천왕문, 극락교를 지나 경내로 들어간다. 극락교 아래, 엄마 거북이 아기 거북을 업고 있는 조각상이 인상적이다. 어버이의 자식 사랑은 끝이 없음을 보여주기 위함일까.

마곡사에서는 대광보전과 대웅보전을 꼭 참배해야 한다. 대광보전은 1788년 중창한 조선 후기의 목조건물로 정면 5칸, 측면 3칸 규모다. 안에는 비로자나불이 모셔져 있고 뒤쪽으로 가면 관세음보살님이 나투신다(부처님이 나타나는 모습을 이르는 말). 모르고 지나치는 분들이 많은데, 자애로운 모습의 관세음보살님을 꼭 한 번 찾아보길

춘마추갑(春麻秋甲)이라는 말처럼 마곡사의 봄 풍경은 무척 아름답다.
사찰 초입부터 알록달록한 연등이 반겨준다.

백범 김구 선생은 한때 마곡사에서 출가 생활을 했다.
마곡사에서 가장 오래된 전각인 영산전.

바란다. 『법화경(法華經)』 제25품 「관세음보살보문품」에는 "한량없는 백천만 억 중생들이 여러 가지 고뇌를 받을 때 관세음의 이름을 듣고 일심으로 부른다면 관세음보살이 그 음성을 듣고 모두 해탈케 하느니라."라는 구절이 있다. 괴로움에 빠진 중생들이 관세음보살의 명호를 부르기만 하면 고난에서 벗어난다고 하니, 어려울 때일수록 관세음보살을 지성으로 불러야 한다. 관세음보살, 관세음보살, 관세음보살.

소원 성취는 곧 기도 가피(加被, 불보살이 자비를 베풀어 중생을 이롭게 하는 것)를 의미한다. 나는 기도 가피를 믿기 때문에 매 순간 기도하는 마음을 놓지 않으려고 한다. 특히 관세음보살과의 인연이 지중하다. 그 인연은 어머니 뱃속에서부터 시작됐다. 불심 깊은 외할머니 덕분에 어머니는 첫 아이인 나를 임신하고 줄곧 관세음보살을 염송했다고 한다. 그때 들고 다니던 염주를 지금도 가지고 계신다. 어머니의 간절한 기도가 나의 불심으로 연결된 것이리라.

이제 대웅보전으로 발길을 옮긴다. 대웅보전 역시 보물로 지정되어 있는데 석가모니불을 중심으로 약사여래불과 아미타불이 모셔져 있다. 1651년 조선 시대 각순 대사가 절을 다시 일으킬 때 고쳐 지은 것이라고 한다. 대웅보전에는 재밌는 전설이 내려온다. 전각 내부에 있는 4개의 싸리 기둥을 돌면 아들을 낳는다는 것이다. 얼마나 많은 사람이 기둥을 만졌는지 손때가 묻어 반질반질 윤이 난다. 싸리 기둥을 돌며 빌었을 그들의 간절한 소원은 다 이루어졌을까?

백범 김구 선생은 마곡사와 인연이 깊다. 김구 선생은 명성황후 시해에 분노해 일본군 장교를 살해하고 인천형무소에서 옥살이하다 탈옥해 마곡사에 은거했는데, 이때 원종(圓宗)이라는 법명으로 출가했다. 3·1운동 직후 중국으로 망명했다가 해방 후 환국한 김구 선생은 마곡사를 방문해 직접 향나무를 심었다. 일생을 바쳐 조국의 자주통일을 이루고자 했던 김구 선생의 숭고한 정신을 느낄 수 있다.

김구 선생의 좌우명은 '눈 덮인 들판을 걸어갈 때 어지럽게 함부로 걷지 말라. 오늘 내가 가는 이 발자취가 뒷사람의 이정표가 될 것이니.'로 널리 알려져 있다. 이는 서산 대사의 선시(禪詩)로 김구 선생이 즐겨 쓰시던 휘호이기도 하다.

마지막으로 그냥 스쳐 지나가기 쉬운 전각이 있는데 바로 보물로 지정된 영산전(靈山殿)이다. 마곡사에서 가장 오래된 데다 그만큼 영험도 매우 큰 전각이니 꼭 들러보길 추천한다. 영산전 현판은 세조가 1465년에서 1487년 사이 마곡사를 유람했을 때 쓴 어필로 알려져 있다. 그 때문인지 예로부터 이곳에서 기도해 어진 정승과 용맹스러운 장수를 많이 배출했다 하고, 지금까지도 기도를 올리는 이들이 끊이질 않는다. 부디 이곳에서 우리나라의 미래를 이끌어 나갈 보석 같은 인재가 나오길 기대해 본다.

참고로 영산전은 석가모니 부처님의 일생을 여덟 장면으로 나누어 그린 팔상도를 모신 전각이다. 마곡사 영산전에는 과거칠불(過去七佛)과 천불(千佛)이 모셔져 있어 천불전이라고도 부른다. 과거칠불은 석가모니불과 그 이전에 세상에 출현한 여섯 부처님, 즉 비바시불·시기불·비사부불·구류손불·구나함불·가섭불을 의미한다. 부처님은 과거에도 계셨고 현재에도 계시고 미래에도 계신다. 이는 곧 우리 모두가 불성(佛性)을 가진 소중한 존재임을 드러낸다.

'무여 스님 TV'
마곡사 편
바로 보기

사찰 정보

공주 마곡사   충청남도 공주시 사곡면 마곡사로 966
041-841-6220
템플스테이 운영

함께 볼 만한 곳

한국문화연수원

대한불교조계종이 운영하는 한국문화연수원은 전통문화와 명상수행 등을 체계적으로 배울 수 있는 다양한 교육 시설을 갖추고 있다. 숙박 시설과 아름다운 정원이 있어 기업의 연수, 교육은 물론 가족 단위 휴식에도 적합하다.

남산 칠불암

|
일곱 부처님이
바위에서 나투시다

남산 칠불암에 가는 여정은 경주 중흥사에서 시작한다. 이번에는 칠불암 암주 예진 스님, 문경 한산사 선원장 월암 스님과 함께 칠불암에 오른다. 배낭에 칠불암에 가져갈 짐을 담고 등산화를 신고 산에 오를 준비를 야무지게 했다. 마음의 준비도 필수다.

칠불암 입구에서 펼쳐지는 재미난 광경 하나. '올라가는 짐, 내려가는 짐'이라고 표시된 곳에 물통을 비롯해 여러 종류의 물건이 놓여 있다. 올라가는 분들이 짐을 들어다 주고, 내려오면서 짐을 내려다 주는 용도다. 이 얼마나 따뜻한 풍광인가? 예진 스님은 "칠불암은 기적이 일어나는 곳입니다. 물이 위에서 아래로 흐르는 것이 아니라, 아래에서 위로 흐릅니다. 사람들이 물길이 됩니다."라고 말씀하셨다. 사람이 물길이 된다. 참으로 아름다운 물길이다.

우리나라에서 불교가 찬란히 꽃피웠던 시기는 신라 시대다. 신라는 어려움이 닥치면 불심으로 이겨냈고, 마음을 하나로 모아 삼국 통일을 이루었다. 당시 경주 남산에는 수많은 절과 탑, 불상, 스님이 있었다. 지금까지 발견된 절터만 해도 165개라고 하니, 온 산에 염불 소리, 목탁 소리가 끊이지 않았을 것이다. 도량석을 하면 온 산이 염불하고, 예불을 하면 온 산이 예불하고, 풍경이 울리면 온 산이 울렸다. 서라벌 사람들은 이곳을 부처님이 사는 불국토라 생각했다.

산을 오르며 진달래도 보고 소나무도 본다. 시원한 바람이 땀을 식혀준다. 애국가 가사인 '남산 위에 저 소나무 철갑을 두른 듯'에 등장하는 소나무를 이곳 경주 남산에서도 볼 수 있다. 철갑을 두른 듯 늠름한 소나무를 보면 우리 민족의 강인한 기상이 느껴진다. 나무 사이로 반짝이는 봄 햇살이 유달리 마음을 설레게 한다.

중간중간 바위에서 쉬어가며 산길을 오른다. 마지막으로 힘든 고비를 지나면 비로소 칠불암에 도착한다. 하얀 눈송이 같은 꽃비가 참배객을 환영한다. 바위에서 나투신 부처님의 자애로운 미소를 보니 산을 오를 때 힘들었던 마음이 싹 가셨다.

칠불암에는 암벽에 조성된 삼존불상과 사면불, 총 일곱 분의 부처님이 계신다. 삼존불의 주불은 학자마다 석가모니불 혹은 아미타불이라고 주장한다. 석가모니불이라면 문수보살, 보현보살이 협시인 셈이고 아미타불이라면 관세음보살, 대세지보살이 협시로 계신 것이다.

창건 당시의 절 이름은 알 수 없으나, 칠불암 부처님을 발견한 사람은 황법륜화 보살님이다. 보살님은 나물을 뜯으러 이곳에 왔다가 바위 윗부분이 볼록 올라와 있는 것을 발견했다. 아래는 모두 흙으로 덮여 있었는데, 그곳을 파보니 부처님이 계셨다. 법난을 대비해 불상을 흙으로 완전히 덮어 거의 온전한 상태로 보존될 수 있었다. 이 불상은 석굴암 부처님보다 50여 년 앞서 조성된 것으로 추정되며 남산의 유일한 국보다.

월암 스님은 "새벽 별빛과 함께 예불을 모신 후 청아한 시간에 좌선하면 이곳이 바로 도솔천 내원궁입니다."라고 말씀하셨다. 말씀대로 다실에서 바라본 풍광이 가슴을 툭 터지게 만든다. 마음이 저절로 단순해지고 비워지는 느낌이다. 덧붙여 스님은 "학문이란 날로 더하는 것이고, 도는 날로 비우는 것입니다. 비우고 비우고 비웠다는 그것마저도 비웠을 때 진정한 자유가 오는 것입니다."라며 비움의 미학에 대한 법문을 해주셨다. 도를 닦고 수행하는 것은 '비움'의 이치를 터득하는 것이 아닌가 생각해 본다.

우리는 많은 것을 쌓아 두고 소유하고 있다. 그런데도 늘 허기진다. 이 허기진 마음이 삼독심에 집착하는 갈애(渴愛)다. 늘 부족하게 느껴지기에 계속 채우려고만 한다. 끝없는 욕심을 어찌 다 채울 수 있을까? 오히려 욕심을 내려놓고 마음을 비우는 데에서 지혜가 생긴다. 마음을 비울 수 있는 곳, 그곳이 바로 칠불암이다. 이곳에 오면 저절로 마음이 비워진다. 내면을 거울처럼 훤히 볼 수 있다. 얼마나 많

신라 시대에 창건된 남산 칠불암.

암벽에 조성된 삼존불상과 사면불.

은 욕심과 성냄과 어리석음이 있었는가?

작은 법당에서 하룻밤을 지냈다. 밤이 깊어지니 들리는 것은 새소리, 이름을 알 수 없는 동물 소리뿐이다. 어둠이 내려앉으니 적막강산이 따로 없다. 등산하느라 피곤했던 몸을 누이고 편안하게 휴식을 취했다. 다음 날 새벽 일찍 일어나 도량석을 마친 예진 스님과 예불을 모셨다. 새벽 예불 후에 법당에 앉아서 잠시 참선을 했는데 무념무상의 경지에 들어가는 듯했다. 어느 순간, 밖에서 들리는 새소리가 점점 커진다. 예진 스님이 "새소리가 커지면 일출 시각이 다가오는 징조."라고 한다. 서둘러 등산화를 신고 일곱 부처님 옆에 나 있는 산길을 올랐다.

바위를 타고 오르다 보니 어느새 마애보살님이 반겨주신다. 통일신라 시대에 조성된 신선암 마애보살반가상은 보물로 지정되어 있다. 화관에 아미타불이 새겨져 있어서 관세음보살임을 알 수 있다. 오른손에는 꽃을 잡고, 왼손은 가슴까지 들어 올려 설법하는 모양을 표현하고 있다. 천의(天衣)는 아주 얇아 신체의 굴곡이 사실적으로 드러나 보이며 옷자락은 대좌(臺座)를 덮고 길게 늘어져 있다. 머리광배와 몸광배를 갖춘 광배(光背) 자체를 불상이 들어앉을 공간으로 활용했기 때문에 보살상이 더욱 두드러져 보인다.

마애보살반가상이 있는 신선대에는 해마다 일출을 보기 위해 많은 사람이 모여든다. 이날은 아쉽게도 날씨가 흐려 일출을 볼 수는 없었지만, 널따란 바위에서 좌선을 했다. 마치 허공에 떠 있는 구름처럼 자유롭고 편안했다. 참선하면서 내면을 들여다본다. '이뭐꼬.' 이렇게 신선대에 올라와서 수행하는 자는 누구인가. 이 몸뚱이 끌고 다니는 자는 누구인가. 화두가 잘 안 들리면 '나무아미타불' 염불이라도 열심히 해본다. 그러다가 문득 눈앞에 펼쳐진 절경에 마음을 뺏긴다. 보이는 것은 온통 나무와 바위이고, 들리는 것은 새소리, 바람소리. 지금 이 순간만큼은 구름 위에 떠 있는 듯, 신선이 된 듯 황홀하다.

참선을 마치고 바위를 타고 조심조심 칠불암으로 내려왔다. 이제 물을 길으러 가야 한다. 칠불암은 물이 많지 않은 곳이라 아래 우물에서 물을 길어 와 사용한다. 큰 물통 몇 개를 챙겨 내려갔다. 맑은 물을 가득 담았다. 너무 무거워 하나씩만 들고 올라가기로 했다. 나머지 물통은 계단 옆에 두면 등산객들이 하나씩 가져다 준다고 한다.

낑낑거리며 들고 온 물로 세수도 하고 공양도 짓는다. 귀한 물이니 아껴 사용해야 한다. 절약 정신이 저절로 생긴다. 옛 스님들은 "흐르는 물도 아껴 쓰라."고 하셨다. 흘러가는 냇물이라고 펑펑 낭비하지 말라는 의미다. 물도 아껴서 쓰지 않으면 고갈된다. 마찬가지로 "복도 있을 때 아껴 쓰라."는 말이 있다. 가진 복이 있다면 늘 아끼고 겸손한 태도를 유지해야 한다. 하물며 가진 복도 없는데 흥청망청 쓴다면 박복을 면할 수 없을 것이다.

남산의 청량한 바람 한 상자 넣고,

칠불암 암주 예진 스님과 함께 친견한 신선암 마애보살반가상.
남산 소나무에서 우리 민족의 강인한 기상이 느껴진다.

어젯밤 하늘의 별 한 꾸러미 싸고,

풀벌레 소리도 한 소쿠리 담고,

이른 아침 마당에 핀 안개 한가득 넣어서

오월 햇살에 실어 보냅니다.

행복이란 지금 이 순간 더 이상 바랄 것이 없는 것,

땅에 닿는 빗소리에

한겨울 툇마루에 떨어진 햇살 한 줌에

서쪽 하늘 붉게 물든 노을빛에

지금 여기에서 더 이상 바랄 것 없음이

행복이네.

예진 스님의 마음이 담긴 아름다운 시다. "지금 여기에서 더 이상
바랄 것 없음이 행복이네." 행복을 이보다 더 잘 표현할 수 있을까?
칠불암에 있는 순간순간 나는 행복하다고 느꼈다. 바랄 것 없는 마음
은 허덕임이 없는, 욕심이 없는 마음이다. 자신이 처한 현실에 만족
하고 감사할 줄 아는 사람은 행복하지 않을 수 없다.

예진 스님은 월암 스님의 부탁으로 칠불암을 잠시 살피러 왔다가,
그길로 꼬박 6년을 이곳에서 수행 정진하고 있다. 칠불암에서 오는
사람, 가는 사람에게 차와 공양을 대접하는 불공(佛供)을 실천하며

지냈다고 한다. 스님의 좌우명은 대만 자제공덕회 증엄 스님의 보천 삼무(普天三無)다. "천하에 내가 사랑하지 않는 사람이 없기를. 천하에 내가 믿지 않는 사람이 없기를. 천하에 내가 용서하지 않는 사람이 없기를." 칠불암에서 오가는 사람들에게 따뜻한 미소를 지어주는 예진 스님이 내게는 관음보살의 화신으로 보였다.

'무여 스님 TV'
칠불암 편
바로 보기

함께 볼 만한 곳

경주 남산

경주 남산은 삼국 시대부터 통일신라 후기까지의 불상을 모두 만나볼 수 있는 '노천박물관'이자 불교 유적의 보고(寶庫)다. 지금까지 밝혀진 것만 해도 100여 곳의 절터와 80여 구의 석불, 60여 기의 석탑이 남아 있다. 유네스코 세계유산 경주역사유적지구의 5개 지구 중 하나인 남산 지구로 지정되어 있다.

하남 정심사

|

산은 산이고
물은 물이로다

화창한 봄날이다. 봄이 되면 항상 흥얼거리는 노래가 있다. 가곡 '봄이 오면'이다. "봄이 오면 산에 들에 진달래 피네. 진달래 피는 곳에 내 마음도 피어. 건넛마을 젊은 처자 꽃 따러 오거든 꽃만 말고 이 마음도 함께 따 가주." 언제 배웠는지 정확히 기억나지 않지만 봄이 되어 이 노래를 부르면 늘 경쾌하고 행복하다. 봄노래를 흥얼거리며 기분 좋게 사찰 여행을 떠난다. 벚꽃이 활짝 피어 봄소식을 전할 때면 더 좋다.

춥지도 덥지도 않은, 나들이하기 딱 좋은 날. 아침 일찍 길을 나선다. 오늘 갈 곳은 경기도 하남시 검단산을 병풍 삼아 자리 잡은 정심사. 검단산은 하남시와 광주시에 걸쳐 있는 657m 높이의 산으로, 백제 한성 시대에 왕이 하늘에 제사를 지냈던 신성한 산이다. 2019년

방탄소년단(BTS)의 멤버 진과 정국이 등산 인증 사진을 SNS에 올려 더욱 유명해졌다. 오르는 길이 어렵지 않고 정상에 서면 두물머리와 수많은 봉우리, 골짜기를 한눈에 볼 수 있어 많은 등산객이 찾는 산이다.

연둣빛으로 곱게 물든 산이 어서 오라고 손짓한다. 검단산에 둘러싸여 있는 정심사는 대찰(大刹)이다. 넓은 주차장에 차를 세우고 나면 작은 요사채를 볼 수 있다. 이곳이 정심사 불사의 시작점이다. 정심사는 성철 스님(1912~1993)이 건강검진을 위해 상경하실 때 머물렀던 곳이다. 조계종 종정이셨던 스님이 다른 거처에 머물기가 여의찮아 신도들이 뜻을 모아 마련한 사찰이다. 성철 스님이 직접 '모든 분별을 떠난 본래 마음자리를 잘 지켜 나가라.'는 뜻으로 정심사(正心寺)라는 이름을 지어 주셨다고 한다.

대적광전으로 향하는 길에 비닐하우스로 지어진 룸비니 법당이 있다. 부처님 탄생지인 룸비니 동산의 이름을 딴 곳으로, 안에 들어가 보면 어린이 법당이라는 것을 한눈에 알 수 있다. 아이들이 그린 귀여운 부처님과 동자승 그림을 보면 맑고 천진한 마음을 느낄 수 있다.

불교의 가장 큰 명절은 부처님오신날이다. 음력 4월 8일이라 흔히 사월 초파일이라고 부른다. 부처님오신날 사찰에서 하는 의례 중 하나가 아기 부처님을 씻겨 드리는 관욕식이다. 아홉 마리의 용이 물을 뿜어 부처님을 씻겨 주었다는 경전 내용에서 유래한 것으로, 관욕(灌

검단산에 둘러싸여 있는 정심사.
어린이법회가 열리는 룸비니법당.

浴) 또는 관불(灌佛), 욕불(浴佛)이라고 부른다.

아기 부처님은 한결같이 한 손은 하늘 위를, 다른 한 손은 땅을 가리키고 있다. 이는 부처님의 탄생게(誕生偈)를 표현한 모습이다. 부처님 탄생게는 "하늘 위와 하늘 아래에서 오직 나 홀로 존귀하다. 삼계가 모두 괴로움이니 내가 마땅히 이를 편안케 하리라(天上天下 唯我獨尊 三界皆苦 我當安之)."이다. 부처님께서 온 세계 모든 생명이 고통에서 벗어나는 길을 열어 보이기 위해 이 땅에 오신 것임을 천명하는 내용이다. 우리 모두가 가진 본래 마음이 부처님 마음과 둘이 아니라는 참뜻을 보이기 위해 이 땅에 오신 부처님. 부처님의 탄생을 온 세상이 축복하는 날이 바로 부처님오신날이다.

발걸음을 옮겨 대적광전으로 향한다. 성철 스님이 열반하신 뒤 세워진 전각으로 정면 5칸, 측면 4칸 규모이며 웅장하면서도 고전적인 모습이 인상적이다. 주불은 비로자나불이고 노사나불과 석가모니불이 협시불로 계신다. 부처님과 법의 관계를 불교 교리에서는 삼신설(三身說)로 설명한다. 삼신이란 법신(法身), 보신(報身), 화신(化身)이다. 법신은 영원불변하고 유일한 법을 부처님으로 형상화한 것으로 비로자나불이다. 보신은 법신과 같은 덕목을 갖추고 있으면서도 간절한 서원에 따라 현세와 내생에서 중생을 제도하는 부처님으로 노사나불이다. 마지막으로 화신은 중생의 몸으로 바꾸어 직접 중생의 세계로 오신 부처님으로 석가모니불이다.

불단에 도의국사 사리탑에 있는 문양을 새긴 것은 정심사가 선종

계통 사찰임을 나타내기 위함이다. 그냥 지나칠 수도 있으니 눈여겨 다시 본다. 단청 불사도 2년에 걸쳐서 할 정도로 정성이 많이 담겼다고 한다.

정심사에서는 삼천 배와 아비라 기도를 많이 한다. 성철 스님이 신도들에게 권하신 수행법이다. 과거, 현재, 미래 삼겁(三劫)에 출현하는 천불의 부처님께 1배씩 절을 올리는 것이 삼천 배다. 성철 스님을 친견하려면 반드시 삼천 배를 해야 하는 것이 원칙이었다.

절은 인욕과 하심에 도움이 된다. 나는 출가 전에 삼천 배를 했는데, 출가하기 위한 마음을 굳게 다지는 시간이 되었다. 한 배 한 배 절을 하다 보면 처음에는 '내가 절을 한다'는 생각이 들다가, 나중에는 절하는 주체가 누구인지 모를 정도로 기계적으로 절을 하게 된다. 엎드렸다가 다시 일어나기 힘들고, 땀이 비 오듯 흐르고, 다리가 후들후들 휘청거리지만 끝까지 절을 한다. 중간에 포기할까, 하는 나약한 마음이 일어나기도 하지만 다시 힘을 낸다. 이렇게 삼천 배를 마치고 나면 뿌듯함과 환희로움이 마음에 가득 찬다. 뭐든지 할 수 있을 것 같은 자신감과 의욕이 샘솟는다. 삼천 배를 하는 과정이 내 마음을 바로 보는 값진 수행인 셈이다. 지금도 매일 108배를 하는데 몸과 마음이 가벼워짐을 느낀다. 몸과 입과 뜻으로 지은 악업을 참회하고, 매 순간 새롭게 다시 태어나는 것이 바로 절 수행이다. 본래 맑고 청정한 내 마음과 만나는 시간이기도 하다.

아비라 기도는 중국 당나라 때의 수행법으로 전해 오던 것을 성철

성철 스님의 사리가 봉안되어 있는 정심사 사리탑전.

스님이 널리 일러주신 기도법이다. 장궤합장을 하고 '우주 삼라만상 모든 일이 뜻대로 되게 하소서.'라는 뜻의 비로자나 법신진언 '옴 아비라 훔 캄 스바하'를 외운다. 장궤는 무릎을 바닥에 붙이고 허리는 세운 채 발끝으로 땅을 디디는 자세다.

원효 스님(617~686)이 출가 수행자를 위해 저술한 『발심수행장』에는 이런 구절이 있다. "스스로 쾌락을 능히 버릴 수 있으면 성인과 같이 믿음과 공경을 받을 것이며, 행하기 어려운 일을 능히 행할 수 있으면 부처님처럼 존중받을 것이다." 처음 불문(佛門)에 들어와 읽고 외우고 마음에 새기려 했던 경전인데, 시간이 흘러 다시 보니 구절구절이 가슴에 와닿는다. 아직도 도를 이루지 못하고 이런저런 욕망과 나태함에 빠져 있는 나를 일깨운다. 진정한 수행자라면 어떤 고난과 역경도 두려워하지 않아야 한다. 지극한 마음으로 발심, 또 발심한다.

1947년 문경 희양산 봉암사에서 성철 스님을 비롯한 청담·자운·향곡 스님 등 30~40대의 젊은 선승들이 '부처님 법대로 살자'는 뜻을 모으고 결사(結社)를 일으켰다. 이를 '봉암사 결사'라고 한다. 당시 성철 스님이 제정한 18개의 수행 규칙이 공주규약(共住規約)이다. 해방 이후 사회적 혼란과 왜색 불교의 잔재 속에서 한국 불교의 정체성을 회복하고 수행자 본연의 모습을 되찾기 위해 엄격한 수행 규칙을 만들어 결사 참여의 조건으로 내세운 것이다.

평생 엄격한 수행자의 모습을 보이셨던 성철 스님은 1993년 열반에 드셨다. 49재 직후, 상좌 스님들이 회의를 열어 사리탑을 건립하기로 결정했다. 해인사 사리탑 건립 이전부터 정심사에 모실 사리를 별도로 보관해 두었다고 한다. 이 사리를 모신 사리탑은 일반적인 모습과는 사뭇 다르다. 전각은 경주 불국사 다보탑을 본받아 3단으로 하고 비례는 부여 정림사지 오층석탑을, 구성은 예천 용문사의 윤장대를 참고해 만들었다고 한다.

사리탑 안으로 들어오니 얼마나 규모가 크고 멋진지 감탄을 연발하게 된다. 제일 하단에는 스님의 법문집과 사경을, 중단에는 스님이 설법하기 직전 입정하는 모습의 좌상을 모셨다. 상단에 모셔진 연등 모양 사리구는 투과형인데 동(銅)을 재료로 하고 은으로 도금했으며,

성철 스님의 사리가 봉안되어 있는 사리탑전 내부.

내함인 사리함은 수정으로 만들고 그 속에 사리를 모셨다. 성철 스님에 대한 그리움과 존경심을 이곳 사리탑에서 느낄 수 있다. 이 외에도 선방에서 참선하는 스님들을 지도하는 모습과 영결식과 다비식에 운집한 10만여 명의 인파도 사진으로 만날 수 있다. 마치 스님을 친견한 것 같은 기분이 들었다. 사리탑 옆에는 선방으로 사용하는 전각이 있고 내부에는 포대 화상과 귀여운 동자승의 모습이 보인다.

> 자기를 바로 봅시다.
> 자기는 원래 구원되어 있습니다. 자기가 본래 부처입니다.
> 자기는 항상 행복과 영광에 넘쳐 있습니다.
> 극락과 천당은 꿈속의 잠꼬대입니다.
> ─성철 스님의 법어 '자기를 바로 봅시다' 중에서

모든 진리는 자기 속에 구비되어 있으니 자기를 바로 보라는 성철 스님의 가르침을 가슴에 새긴다. 부처님이 이 세상에 오신 참뜻은 우리가 본래 부처라는 사실을 일깨워 주기 위함이다. 꽃비가 하얀 눈처럼 아름답게 내리니, 큰스님이 참배객 모두를 두 팔 벌려 환영해 주는 듯하다. 연둣빛 산과 예쁜 봄꽃이 정심사와 어우러져 아름다운 풍경을 만들고 있다. 검단산에 올 일이 있다면 정심사를 참배해 보면 좋겠다.

'무여 스님 TV'
정심사 편
바로 보기

사찰 정보

하남 정심사　　경기도 하남시 검단산로 124번길 92
　　　　　　　　031-791-7732

함께 볼 만한 곳

하남 동사지와 선법사

하남 동사지는 남한산성과 이성산성 사이의 분지에 자리한 절터로, 후삼국 시대에서 고려 전기에 이르는 시기에 지어진 절로 추정된다. 나란히 서 있는 3층 석탑과 5층 석탑 모두 보물로 지정됐다. 하남 선법사에는 광배와 대좌를 갖춘 마애약사여래좌상(보물)이 있다.

성주 관운사

|

관운장을 모신
국내 유일의 사찰

부처님께서 시자(侍者)인 아난과 함께 길을 걷다가 물어보신다.

"아난아, 수행자에게 좋은 도반(道伴)이 있다면 어떠한가?"

아난이 대답한다.

"부처님, 수행자에게 좋은 도반이 있는 것은 수행의 반(半)을 완성한 것과 같습니다."

부처님께서 고개를 저으면서 말씀하신다.

"아난아, 그렇지 않다. 좋은 도반이 있다는 것은 수행의 전부를 완성한 것과 다름이 없다."

『잡아함경』에 나오는 이야기이다. 도반은 같은 길을 가는 벗, 친구를 의미한다. 우리 같은 수행자에게도 친구가 필요하다. 깨달음을 향해 가는 이 여정에 같은 길을 가는 친구가 없다면 얼마나 쓸쓸할까? 함께 가는 친구는 하루아침에 생기지 않는다. 좋은 친구를 만들기 위해서는 자신이 먼저 좋은 친구가 되어야 한다. 나는 좋은 친구가 되는 조건 중 가장 중요하게 생각하는 것이 있다. 바로 함께 기뻐하고 함께 슬퍼하는 것이다. 상대방이 즐거운 일이 있으면 마치 자기 일처럼 즐거워해야 마땅한데, 그렇지 못하다면 진정한 친구가 아니다. 그리고 친구가 슬프고 괴로운 일을 겪고 있다면 측은한 마음을 일으켜서 곁에서 위로해 주고 진심으로 걱정해야 한다. 기쁠 때 함께 기뻐하고 슬플 때 함께 슬퍼하는 친구가 진정한 도반이다. 신의(信義) 있고 진솔한 도반들과 함께 수행의 여정을 걷고 있으니 나는 행복한 수행자다.

만물이 생장하는 봄. 나는 사계절 중 봄을 가장 좋아한다. 추운 겨울을 이겨내고 피어나는 꽃을 보면 왜 이리 기분이 좋은지 모르겠다. 매서운 추위 속에서도 한 송이 꽃을 피워 내는 희망을 볼 수 있기 때문이 아닌가 싶다. 나도 힘들고 어려울 때가 많았다. 당시에는 견디기 힘든 괴로운 시간이었지만, 지나고 나니 '그땐 그랬지'라며 그 시절을 회상하며 웃어넘길 수 있다. 고난의 순간들이 나를 성장하게 해주었기에 오히려 감사할 일이다. 예전에는 힘든 일을 만나면 피하고만 싶었는데, 지금은 철이 조금 들었는지 그런 일을 만나면 오히려 나를 성장하게 하는 행운이자 복이라고 생각한다.

피어나는 꽃들을 보니 허운 화상의 말씀이 떠오른다. "생각 생각

벚꽃과 목련이 반겨 주는 성주 관운사.

마다 도에 머물러 있으면 처처(處處)가 도량 아님이 없다. 마음을 잘 쓴다는 것은 마음밭에 무명초가 자라지 않고, 처처에서 항상 지혜의 꽃이 피어나는 것과 같다." 꽃을 바라볼 때도 지혜의 꽃이 피어난다 생각하고 바라보니 더 곱고 아름답다.

동국대학교 대학원에서 함께 공부한 도반, 징암 스님이 주지 소임을 맡고 있는 사찰이라 더 설레는 마음으로 도착한 관운사(關雲寺). 이곳에는 또 어떤 부처님이 나를 기다리고 있을까? 관운사는 일반적인 사찰과는 다르다. 『삼국지』와 관련 있는 절이기 때문이다. 나는 이문열의 『삼국지』를 무척 좋아해서 몇 번을 읽었다. 『삼국지』에 등장하는 수많은 영웅 중에서도 적토마를 타고 긴 수염을 휘날리는 관우를 가장 좋아한다. 관우를 말하려면 유비, 장비가 빠질 수 없다. 관우와 유비, 장비의 진한 의리와 우정. 바로 복숭아밭에서 의형제를 맺었던 도원결의(桃園結義). "같은 해, 같은 달, 같은 날에 날 수는 없었지만 같은 해, 같은 달, 같은 날에 죽기를 원합니다."라고 맹세를 한다. 이 멋진 맹세에 무척이나 감동했다. 영웅의 늠름하고 씩씩한 기상과 끈끈한 의리가 느껴졌다. 나도 이런 맹세를 같이할 벗이 있으면 얼마나 좋을까, 부럽기까지 하다.

관우는 중국 후한 말의 무장(武將)으로 자는 운장(雲長)이며 사례 하동군 해현 사람이다. 장비와 함께 유비를 오랫동안 섬기며 촉한 건국에 지대한 공로를 세웠다. 충성심과 의리, 당당한 성품으로 동아시아에 가장 널리 알려진 장수다. 특히 중국인들에게는 무(武)와 충(忠),

관우를 배향하는 사당인 관성전.
관운사는 우리나라에서 유일하게 관우 사당이 있는 사찰이다.

의리와 재물의 화신으로 여겨져 오늘날까지도 숭배의 대상이다.

그런데 우리나라에도 관우를 모신 사찰이 있다. 바로 경북 성주에 있는 관운사다. 원래 이곳은 사찰이 아니라 관운장(관우)을 배향하던 사당이었다. 임진왜란 당시 꿈에 관운장이 나타나 "내가 나라를 지켜 주겠노라."고 현몽(現夢)한 것이 인연이 되어, 선조는 전국 다섯 곳에 사당을 만들었는데 그중 한 곳이 지금의 관운사다.

1963년 관운사 회주인 지산 스님이 이곳을 지나다 터의 기운이 넘치고 영험이 있는 도량임을 직감했다. 곧바로 관운장숭모회(춘추계)를 찾아가 "우리가 관운장을 모실 터이니 사찰로 사용토록 승낙해 달라."고 요청했고, 기꺼이 허락하여 지금의 관운사가 되었다고 한다.

사찰 입구에서부터 벚꽃과 목련, 산수유가 아름답게 피어 있어 신심과 환희심이 났다. 활짝 핀 꽃들을 보니 지혜와 자비도 이렇게 피어나기를 바라는 마음이 들었다. 입구에는 '와우산 관운사'라는 안내 표시판이 있다. 위로는 계단이 있는데 그곳을 오르면 천왕문이다. 보통 천왕문으로 들어가 법당으로 향한다.

그런데 천왕문으로 가는 길 왼쪽에 또 다른 출입구가 보인다. 성주 관왕묘, 관림이라고 적힌 곳으로 올라가면 재미있는 벽화들을 만날 수 있다. 특히 '소신야성'의 벽화가 눈에 띄는데, 불타는 성과 관운장의 죽음을 표현한 장면이다. 관운장이 생전에 의지하던 스승, 보정 스님의 벽화도 있다. 관운장이 죽게 되었을 때, 보정 스님을 찾아가 원한을 갚기 위해 다시 살아나게 해달라고 부탁하니, 스님은 "악연을 갚을 생각 하지 말고 나라와 국민을 위해 노력하라."는 가르침을 내렸다. 관운장은 스승의 말씀에 따랐고, 보정 스님이 그를 위해 재를 지내니 악연이 풀렸다고 한다. 이 벽화에서는 관운장과 불교의 인연을 엿볼 수 있어 더 흥미롭다. 초기 경전인 『법구경』에 나오는 "원한으로써 원한을 갚으면 원망하는 마음은 결코 쉬지 않는다. 오직 인욕함으로 원한은 쉬나니, 이 법은 영원한 진리다."라는 구절이 생각난다.

벽화를 감상하고 도량에 들어가면 관성전이 보인다. 관성전은 400년 전에 창건했으나 그동안 여러 번 소실됐다. 15평 규모의 목조 건물로 관운장이 가운데에 있고 관평 대군(관우의 아들)과 주창 장군을 협시로 봉안한 관왕묘의 사당이다. 이곳에 관왕묘 사당이 생기게 된 이유는 1592년 임진왜란 당시 모국기(茅國器) 장군의 꿈에 관운장이 나타나 전쟁에서 크게 승리할 것을 예언했고 그 덕분에 이겼다는 전설 때문이다.

선조 임금이 이에 크게 감동하여 사당을 조성했고 소실과 중건을 거듭하다 1927년에 현재의 모습을 갖추게 되었다. 관운장을 모신 우리나라의 다섯 곳(서울 동관왕묘, 남관왕묘, 남원 관왕묘, 안동 관왕묘, 성주 관왕묘) 중 유일하게 법당과 함께 있는 관왕묘다. 관성전에서 계단을 따라 더 올라가면 대웅전이 있다. 1987년에 건립된 32평 규모의 전각으로 석가모니불이 주불로, 관세음보살과 지장보살이 협시불로 모셔져 있다.

인생의 여정에는 힘겨운 가시밭길도 있고 고속도로 같은 평탄한

길도 있다. 어떤 길을 만나든지 옆에 함께 가는 벗이 있다면 덜 외롭고 쓸쓸할 것이다. 하지만 벗이 없다고 슬퍼하지 말자. 부처님께서는 좋은 벗이 없다면 무소의 뿔처럼 혼자서 가라고 하셨다. 『숫타니파타』에는 "큰 소리에 놀라지 않는 사자와 같이, 그물에 걸리지 않는 바람같이, 물에 젖지 않는 연꽃같이, 저 광야에 외로이 걷는 무소의 뿔처럼 홀로 가라."는 구절이 있다. 혼자서도 씩씩하고 당당하게 이 세상을 헤쳐 나가자.

'무여 스님 TV'
관운사 편
바로 보기

사찰 정보

성주 관운사 경상북도 성주군 성주읍 경산길 38
054-931-7777

함께 볼 만한 곳

경산리 성밖숲

성주 읍성 서문 밖에 만들어진 숲으로 수령이 300~500년 정도로 추정되는 왕버들(천연기념물) 59그루가 자라고 있다. 공원이 넓고 하천이 흐르고 있어 주민들뿐만 아니라 관광객들도 많이 찾는 휴식공간이다. 주변에 벚나무가 많아 봄에 벚꽃 구경하기에 좋다.

남원 실상사

|

과거를 이어
미래를 짓다

하루 종일 봄을 찾아다녀도 봄을 찾을 수가 없구나. 짚신이 다 닳도록 온 산을 찾아 헤매었네. 지쳐서 돌아와 우연히 뒤뜰을 거닐다 보니 매화가 거기 피어 있더라.

중국 남송 시대의 수필집 『학림옥로』에 나오는 어느 비구니 스님의 오도송(悟道頌, 자신의 깨달음을 노래한 게송)이다. 밖에서 봄을 찾으려 했는데 뒤뜰에 핀 매화를 보고 봄이 온 소식을 알게 된 것이다. 사람들은 항상 행복을 추구하며 살고 있다. 그러나 궁극적인 행복은 멀리 있지 않고 지금 여기 우리와 함께 있다. 다만 우리가 그것을 행복이라 느끼지 못할 뿐이다.

봄소식을 따라 찾은 곳은 남원 실상사다. 경내로 들어가기 전 소박한 모습의 석장승(남원 실상사 석장승, 국가민속문화재)을 먼저 마주한다. 석장승은 보통 마을 입구에 세워져 잡귀의 출입을 막는 수호신 역할을 한다. 사찰 입구에 늠름한 사천왕상을 세우는 것과 같은 의미다. 사천왕상은 간혹 너무 늠름해서 무서울 때가 있는데, 실상사 석장승은 머리에 모자를 쓰고 둥글고 커다란 눈에 주먹코 모습이라 순박하고 정겹게 느껴진다. 원래는 4기가 있었지만 1936년 홍수로 1기가 쓸려 내려가 현재는 3기만 남아 있다고 한다. 장승에 새겨진 명문으로 1725년(영조 1)에 세워진 것을 알 수 있다. 석장승의 환대를 받으면서 경내로 들어가 본다.

실상사는 구담 스님의 소개로 찾게 된 사찰이다. 새벽에 출발해 도착한 실상사에 부슬부슬 봄비가 내리고 있었다. 구담 스님은 입구까지 나와서 반갑게 맞아 주었다. 하룻밤 묵을 방을 배정받고 나서 본격적으로 실상사를 둘러보았다.

실상사는 828년(신라 흥덕왕 3) 증각 대사 홍척 스님이 당나라로 유학을 다녀온 뒤 건립한 절이다. 구산선문(九山禪門) 가운데 가장 먼저 세워진 선종의 대표 사찰로, 흥덕왕이 태자와 함께 이 절에 귀의할 정도로 왕실의 큰 관심을 받았다. 이후 선종이 크게 일어나 '실상학파'를 이루었으나 조선 시대에는 화재로 사찰이 전소되는 등 수난이 끊이지 않았다.

중심 전각은 보광전이다. 1884년(고종 21) 월송 대사가 세운 정면 3칸, 측면 3칸 규모의 법당으로 조선 후기 건축양식을 살필 수 있는

실상사 동서삼층석탑은 홍척 스님이
실상산문을 창건할 때 세운 것으로 전한다.

귀중한 문화재다. 법당에 모셔진 삼존상 중 본존불은 조선 시대에 조성됐고, 좌우의 관음보살과 대세지보살은 원래 극락전에 아미타불과 함께 봉안되었던 것으로 베트남에서 모셔 왔다고 한다. 법당은 단청이 되어 있지 않아 소박한 모습으로 참배객들을 맞이하고 있다. 최근에 진행된 발굴조사로 30여 동의 건물지와 한 변이 23m에 달할 정도의 큰 목탑지가 발견되는 등 과거 실상사의 비범한 면모가 차차 확인되고 있다.

보광전 앞마당에는 늠름한 삼층석탑 두 기가 서 있다. 높이 3.2m의 동서삼층석탑은 홍척 스님이 실상산문을 창건할 때 세운 것으로 추정된다. 특히 상륜부까지 온전하게 남아 있는 것으로 유명하다. 실상사 수철화상탑, 수철화상탑비, 증각대사탑 등과 함께 보물로 지정되어 있다. 다음으로 눈에 띄는 것은 석등이다. 아름다운 꽃잎 장식이 돋보이는 작품으로, 역시 보물로 지정됐다. 특이한 점은 석등의 규모가 크기 때문에 불을 밝힐 때 쓰도록 돌사다리를 만들어 놓았다는 점이다. 돌사다리에 올라 석등에 불을 밝히는 옛 스님들의 모습을 상상해 본다. 석등의 불과 함께 지혜와 자비의 빛도 밝혀지기를 발원했을 것이다.

약사전에 모셔진 철조약사여래좌상(보물)도 빼놓을 수 없다. 창건 당시부터 지금까지 보존되어 온 철불로 4,000근에 달하는 쇠를 녹여 만들었다고 전한다. 통일신라 후기에는 지역 선종사원을 중심으로 철불이 활발히 만들어졌는데, 실상사 철조약사여래좌상은 9세기 조성된 철불의 대표적인 작품으로 손꼽힌다. 높이는 2.66m이고 얼굴은 둥글면서 탄력적이며, 어깨의 선은 부드럽다. 결가부좌한 상태로 사각 대좌에 앉아 있다. 아쉽게도 광배는 사라진 상태다.

실상사에는 국보 1점과 보물 11점을 비롯해 수많은 문화재가 있지만, 그보다 더 관심을 끄는 것은 '사부대중 수행공동체'로서의 면모다. 실상사가 추구하는 수행공동체는 재가자와 출가자가 각자 영역에서 평등하고 수평적으로 사찰을 운영하는 것이다. 아침 8시면 비구, 비구니, 우바이, 우바새가 공양간 원탁에 둘러앉아 함께 밥을 먹으며 재정·인사 문제 등을 논의하고 합의하고 집행을 결정한다. 이를 '하루를 여는 법석'이라 부른다. 나도 이 자리에 참석해 지켜보았는데, 공동체 생활을 하며 겪는 어려운 점과 좋은 점 등을 돌아가면서 이야기하고 경청하는 모습이 인상적이었다. 부처님 당시 승가공동체의 모습이 저러하지 않았을까, 하는 생각이 들었다. 부처님께서는 승가의 화합을 가장 중요시하셨다. 첫째도 화합, 둘째도 화합이다. 함께 더불어 잘 살기 위해서는 소통과 공감이 꼭 필요하다. 그러기 위해서는 서로에 대한 관심과 이해가 우선되어야 하고, 그다음은 서로 의견을 나누면서 소통하고, '나'에서 벗어나 '우리'의 입장에서 배려하고 공감해야 한다.

실상사 사부대중 수행공동체를 이끌고 있는 회주 도법 스님은 "내가 두 발을 딛고 있는 삶의 현장이 우주의 중심이다. 삶의 현장에서 만나는 인연들이 나에게는 없어서는 안 될 좋은 이웃이고 친구다. 그

통일신라 시대에 조성된 칠조여래좌상(보물).
실상사는 '일과 수행이 함께하는 사부대중 공동체'를 지향한다.

들과 함께 잘 어울려 살아가도록 하는 것이 바로 사부대중 수행공동체다."라고 설명했다.

수행공동체는 사찰 안에서뿐만 아니라 마을로까지 확장되고 있다. 수행공동체의 사회적 대안이라 할 수 있는 '마을공동체'를 이루기 위해 실상사 인드라망생명공동체는 인근 마을에서 어린이집과 방과 후 초등학교, 중·고등 대안학교, 생명평화대학을 운영하고 있다. 가난하고 외롭고 서럽고 불행한 사람이 생기지 않기를 바라는 마음에서다. 대승불교의 동체대비(同體大悲) 정신을 실천하기 위한 스님의 부단한 노력이 엿보인다.

"내가 곧 우주이고, 우주가 곧 그대로 나다. 부처님은 이것을 '천상천하 유아독존(天上天下 唯我獨尊)'이라고 표현했습니다. 우리 모두는 한 몸, 한마음, 한 생명체입니다. 마치 한 몸에 열 개의 손가락, 열 개의 발가락이 있는 것처럼 말이죠. 그러기에 '어떻게 살아야 할 것인가'에 대한 답은 '더불어 함께 사는 것'이 되어야 합니다. 더불어 함께 살기 위해서 온 생을 다 바친 것이 부처님의 일생입니다. 이것을 탄생게에서는 '삼계개고 아당안지(三界皆苦 我當安之)'라고 표현했는데요, 풀어보면 '나는 온 우주의 존귀한 존재다. 이것은 누구나 다 그렇다. 그들이 고통에 시달리고 있다. 삼계의 모든 생명이 고통에 시달리므로, 그들이 고통에서 벗어나도록 하기 위해서 내 인생 모두를 바쳐 삶을 살겠다.'입니다. 정법 불교를 하려면 '천상천하 유아독존 삼계개고 아당안지'의 뜻을 잘 참구하고 실천하기 위해 노력해야 합니다."

    도법 스님의 말씀이 큰 울림으로 다가온다. 삶과 수행이 하나 되는 실상사 사부대중 공동체. 더불어 사는 수행공동체를 통해 부처님의 중도실상(中道實相)의 가르침을 실천하고 있는 도량 실상사에서 이 시대 불교와 사찰의 의미를 되새겨 보게 된다.

'무여 스님 TV'
실상사 편
바로 보기

사찰 정보

남원 실상사   전라북도 남원시 산내면 입석길 94-129
063-636-3031
템플스테이 운영

함께 볼 만한 곳

혼불문학관

최명희 대하소설 『혼불』의 배경인 남원시 사매면 노적봉 기슭에 자리 잡은 문학관이다. 『혼불』은 일제강점기를 배경으로 우리 민족의 끈질긴 생명력과 당시 풍속을 수려한 문체와 서정성으로 그려낸 소설이다. 소설의 주요 장면을 재현한 전시관과 작가의 유품을 볼 수 있다.

진천 보탑사

|
평화통일의
원력을 담다

서울에서 약 120km 떨어진 충북 진천. 그곳에 '보탑사'라는 사찰이 있다. 아주 오래된 절은 아니지만 '20세기 국보'라고 칭송될 만큼 장인들이 심혈을 기울여 만든 아름다운 도량이다. 고려 시대 절터로 전해지는 곳에 1996년 비구니 지광·묘순·능현 스님이 뜻을 모으고 불자들이 신심을 더해 불사가 이루어졌다.

학인 시절, 불사를 주관한 묘순 스님(삼선불학승가대학원장)에게 『화엄경』을 배웠던 인연이 있다. 늘 따뜻하고 자비로운 미소로 학인들을 맞아 주시던 모습이 아직도 눈에 선하다. 스님의 가르침은 수업 내용만이 아니라 따뜻한 눈빛, 자비로운 말씀 한마디 한마디가 큰 울림이자 경책으로 다가왔다. 일주일에 한 번 수업하러 갈 때마다 스님을 뵐 수 있음에 행복했다. 그런 스님이 창건한 사찰을 참배한다는 설렘을 안고 진천 보탑사로 향한다.

'보련산 보탑사' 현판이 걸린 일주문을 지나 경내로 들어간다. 마당이 넓게 탁 트여 있다. 보탑사 불사는 대목수 신영훈 선생을 비롯한 각 분야 장인들이 참여한 가운데 1996년 8월 삼층목탑, 이후 지장전·영산전·산신각 등이 차례로 완공돼 2003년 회향했다.

가장 눈에 띄는 것은 황룡사 9층 목탑을 모델로 삼아 만든 높이 50m가 넘는 삼층목탑이다. 아파트 14층에 맞먹는 높이다. 황룡사 9층 목탑은 643년(신라 선덕여왕 12) 당나라에서 유학을 마치고 귀국한 자장 율사의 요청으로 지어진 것으로, 고려 시대 몽골의 침입으로 전체가 불탄 이후 다시 중수되지 못했다. 탑이라는 단어는 고대 인도어인 범어 '스투파(stupa)'를 중국에서 '탑파(塔婆)'라고 부른 데서 유래한다. 초기에는 석가모니 부처님의 사리를 봉안했지만, 이후에는 진신사리 대신 부처님의 가르침을 상징하는 불경 등을 봉안하게 됐다.

보탑사 삼층목탑의 가장 큰 특징은 단 하나의 못도 사용하지 않았다는 점이다. 놀랍고 정교한 기술이다. 거대한 예술 작품이면서 불교의 우수성과 위대함을 동시에 보여준다. 단청의 아름다움에 다시 한번 놀라고, 문창살의 정교한 무늬와 단엄(端嚴)한 색채에 감동한다. 고려 시대 절터에 많은 장인의 숨결이 보태져 약 10년 만에 완성된 사찰이니, 앞으로 우리의 소중한 문화유산으로 길이 역사에 남을 것이다.

삼층목탑 안으로 들어가 본다. 여느 법당과는 확실히 다르다. 보통

보탑사 삼층목탑은 높이가 42.73m로
못을 전혀 사용하지 않고 지어졌다.

정면에 부처님이 자리한 것과 달리 부처님 사리가 모셔진 심주(心柱)를 중심으로 사방 어디서든 주불을 볼 수 있게 배치되어 있다. 부처님은 언제 어디서든 우리와 함께하고 계심을 보여주는 것 같다.

사방불에 대한 가장 오래된 기록은 『삼국유사』 탑상(塔像)편 '사불산 굴불산 만불산(四佛山掘佛山萬佛山)'이다. 사방불은 동쪽에 약사여래불, 서쪽에 아미타불, 남쪽에 석가모니불, 북쪽에 미륵불을 모시는데 현존하는 신라 사방불은 대체로 이러한 형식으로 구성되어 있다. 보탑사 사방불은 신라 사방불과는 조금 다른 형태로, 북쪽에 미륵불 대신 비로자나불을 모셨다.

1층 부처님을 참배하고 나면 계단을 통해 2층 법보전으로 올라간다. 법보전에는 팔만대장경 번역본을 안치한 윤장대와 '법화경 석경(石經)'이 봉안되어 있다. '법화경 석경'은 17만 자의 『한글 법화경』을 돌판에 새긴 것으로, 무게가 9톤에 달한다.

3층 미륵전으로 오르는 공간에는 우리나라와 중국, 일본의 목탑과 석탑을 소개하는 사진이 전시되어 있다. 미륵전에는 금동 보개(寶蓋) 아래 눈부신 황금빛 미륵부처님이 모셔져 있다. 법보전과 미륵전 사방에는 난간이 설치되어 있어 탑돌이도 할 수 있다.

삼층목탑 앞에는 두 개의 전각이 있다. 하나는 범종각, 다른 하나는 법고각이다. 전각 옆으로는 소나무가 늠름하게 서 있는데, 빨간색 소원등이 주렁주렁 걸려 있는 모습이 인상적이다. 사람들의 소원하는 바가 연등이 꽃핀 것 같이 원만 성취되길 기원한다.

영산전은 석가모니 부처님께서 500여 제자들에게 설법하는 모습을 재현한 곳이다. 기도하는 제자, 고개 숙인 제자, 정면을 응시하는 제자, 몸을 돌려 앉아 있는 제자 등 다양한 모습이 인상적이다. 법문을 들을 때 우리들의 모습이 이와 같지 않을까, 생각해 본다. 사람들은 각자 근기(根機)가 다르기에 법문을 듣는 모습도 각양각색이다. 섬세하고 정교한 표현에 또 한 번 감탄한다.

영산전 뒤에는 편히 쉴 수 있는 벤치들이 놓여 있고 연못과 석탑, 시원한 물을 마실 수 있는 불유각, 삼매에 든 반가사유상, 인자한 할아버지 모습의 산신이 계신 산신각이 이어진다. 모든 공간이 정갈하고 아름답다. 마치 한 폭의 그림 속에 들어와 있는 듯하다. 얼마나 자주 쓸고 닦는지 도량에 휴지 하나, 풀 한 포기 보이지 않는다. 스님과 신도들의 부지런한 모습이 눈에 선하다. 사찰 입구의 느티나무는 수령 300년이 넘은 보호수로, 사방으로 웅장하게 가지를 뻗고 있다. 마치 참배객들의 이야기에 귀 기울이며 빙긋이 미소를 짓고 있는 듯하다.

마지막으로 보물로 지정된 진천 연곡리 석비를 보았다. 비에 아무런 글씨가 적혀 있지 않아 백비(白碑)라고도 한다. 거북 모양의 받침대가 있고, 비의 윗부분에는 아홉 마리의 용이 여의주를 물려는 모습이 새겨져 있다.

보탑사는 세월이 지날수록 더 빛을 발하게 될 사찰이라는 생각이 든다. 얼마나 많은 사람의 정성과 염원이 담긴 곳인가. 적조전의 부처

삼층목탑 안에서는 부처님 사리가 모셔진
심주를 중심으로 사방에서 주불을 볼 수 있다.
'20세기 국보'로 칭송되는 보탑사는 도량 곳곳이 정갈하고 아름답다.

비에 아무런 글씨가 적혀 있지 않은 진천 연곡리 석비(보물).

님 열반상을 보며 "자기 자신을 등불로 삼고, 자기를 의지해라. 이밖에 다른 것에 의지해서는 안 된다. 내가 말한 가르침이 곧 너희들의 스승이 될 것이다. 모든 것은 덧없다. 게으르지 말고 부지런히 정진해라."라는 마지막 가르침을 되새겨 본다. 늘 순간순간 깨어 있는 수행자의 본분을 잊지 말아야겠다고 다짐하며 보탑사 참배를 마친다.

'무여 스님 TV'
보탑사 편
바로 보기

시찰 정보

진천 보탑사   충청북도 진천군 진천읍 김유신길 641
043-533-0206

함께 볼 만한 곳

진천 종(鐘)박물관

진천군이 2005년 개관한 국내 유일의 종 전문 박물관이다. 2층 규모의 건물 외관은 한국 종을 빼닮았다. 1층 전시실에는 한국 범종의 걸작인 성덕대왕신종을 실물 크기로 재현해 놓았다. '한국의 범종' 코너에서는 통일신라, 고려, 조선 시대를 대표하는 범종을 상세한 설명과 함께 볼 수 있다. 이들 범종은 원광식 주철장(국가무형문화재)이 기증한 작품들이다.

여름

양양 낙산사

|
화재의 아픔을 딛고
일어난 관음성지

낙산사. 나는 바다로 훌쩍 떠나고 싶을 때 낙산사를 생각한다. 그러면 가슴이 시원해지고 동해의 파도 소리가 귓가에 들리는 듯하다. 어렸을 때부터 바다를 참 좋아했다. 끝없이 펼쳐진 바다를 바라보면 마음이 편안해졌다. 예전에 남해 학림사에서 4년간 소임을 맡은 적이 있는데, 외딴 남해에서 살 수 있었던 이유 중 하나가 바로 바다였다.

끝을 알 수 없는 바다는 넓은 품으로 모든 것을 포용하는 듯하다. 바다와 같이 넓은 마음이라면 얼마나 좋을까, 라는 생각도 해본다. 또 드넓은 바다를 보며 숨을 크게 들이쉬고 내쉬면 근심, 걱정이 한 번에 사라진다. 그래서 일상에 지치고 힘들 때, 쉼과 여유가 필요할 때면 훌쩍 떠난다. 강원도 양양 낙산사로.

"지혜로운 자는 물을 좋아하고 어진 자는 산을 좋아하며, 지혜로운 자는 움직이고 어진 자는 고요하며, 지혜로운 자는 즐기고 어진 자는 오래 산다."라는 말이 있다. 지혜로운 자가 더 좋은가, 어진 자가 더 좋은가? 부처님은 지혜와 복덕을 두루 갖추신 분이다. 굳이 둘 중 하나만 고르라고 한다면 지혜보다는 덕이다. 덕이 있는 사람은 바다와 같이 마음을 넓게 쓸 것이다. 마음에 뾰족하게 모가 나지 않고, 둥글둥글하고 이해심과 배려심을 갖춘 사람일 것이다. 나도 늘 그런 마음을 가지려고 노력하지만 때때로 모난 나의 마음을 보게 된다. 마음 씀이 더 넓지 못하고 어질지 못함을 반성한다. 아! 얼마나 닦고 닦아야 바다처럼 넓은 마음을 가지게 될까?

낙산해수욕장 옆 나지막한 언덕에 낙산사가 있다. 뛰어난 풍광으로 관동팔경 가운데 하나로 꼽으며 수많은 시인과 묵객에게 사랑받은 명승지다. 낙산사는 의상 대사가 671년(신라 문무왕 11) 창건했다고 『삼국유사』에 전해진다. '낙산'은 보타락가(補陀洛迦)의 준말로, 관세음보살이 항상 머문다는 전설의 산을 일컫는다.

낙산사 주차장에 차를 세우고 솔밭을 걸어 올라간다. 쭉쭉 곧게 뻗은 소나무들은 늠름하게 느껴지고, 콘크리트가 아닌 흙길은 정겹고 참 좋다. 이 길을 오르다 보면 마음이 저절로 평온해 진다. 일주문 역할을 하는 홍예문이 눈앞에 나타난다. 홍예문은 윗부분은 누각이고 아랫부분은 무지개 모양의 돌문으로, 1467년(세조 13)에 조성되었다. 이 홍예문은 26개의 돌로 이루어져 있다. 세조가 낙산사를 방문할 당시 강원도에는 고을이 26곳 있었고, 임금의 방문을 기념해 각 마을에

낙산사 오르는 길은 소나무가 늠름하고 흙길이라 마음이 저절로 평온해진다.
2005년 대화재 당시 안전한 곳으로 옮겨져 화마를 피한 건칠관음보살좌상(보물).

서 석재를 하나씩 가져와 홍예문을 만들었다고 전해진다.

낙산사는 2005년 큰 화재로 전각 대부분이 불에 탔다. 당시 불길이 무척 거셌는데, 사천왕문만은 화재의 피해를 보지 않았다. 그나마 다행한 일이다. 사천왕문 앞 벚나무에는 지금도 화재 흔적이 남아 있다. 얼마나 불길이 거세었을까? 어렴풋이 짐작만 해보아도 참담하고 다시 일어나서는 안 될 끔찍한 일이다. 작은 불이 큰불이 되어 걷잡을 수 없이, 모든 것을 한순간에 집어삼켰다. 작은 불씨도 조심하고 또 조심해야 할 일이다.

2005년 화재 이후, 낙산사는 온 국민의 관심과 격려 속에 복원됐다. 이때 단원 김홍도의 '낙산사도(洛山寺圖)'를 참고해 옛 모습을 되살렸다. 동해의 일출을 맞이한다는 빈일루(賓日樓)의 네 기둥은 화재의 악몽을 잊지 말자는 의미에서 당시 불에 탄 소나무를 손질해 사용했다고 한다.

원통보전 앞에는 보물로 지정된 칠층석탑이 있다. 석탑은 창건 당시 삼층이었는데 1467년(세조 13) 현재의 칠층으로 조성됐다. 수정으로 만든 염주와 여의주를 탑 속에 봉안했다고 한다. 탑 꼭대기에는 찰주를 중심으로 원나라 라마탑(喇嘛塔)을 닮은 여러 장식이 원형대로 보존되어 있어 눈길을 끈다.

원통보전은 관세음보살이 있는 전각이다. 원통보전 안의 건칠관음보살좌상은 보물로 지정되어 있다. 표정과 옷자락이 매우 정교하고 섬세하게 표현되어 있는데, 한국전쟁 이후 설악산 관모봉 영혈사에서 모셔 왔다고 전해진다. 한편 이 불상은 재질이 종이라 가벼워 2005년 화재 당시 빠르게 안전한 곳으로 옮길 수 있었다.

이제 '낙산사' 하면 떠오르는 해수관음상을 친견하러 간다. 16m에 달하는 크기로 1977년 조성 당시 동양 최대 규모로 만들어졌다. 전라북도 익산에서 화강석 700톤을 옮겨와서 불사했다고 하니, 상상만 해도 엄청난 규모가 아닐 수 없다.

혹시 해수관음상 앞에 놓인 복전함을 자세히 살펴본 적이 있으신지? 나는 이번에 낙산사 수미 스님의 안내로 복전함에 새겨진 비익조와 삼족섬의 의미를 알게 되었다. 비익조는 아미타불이 계신 극락 세계에 사는 새인데, 암수가 각각 날개가 하나씩만 있기에 항상 붙어 있어야 하는 새이다. 비익조를 어루만지면 연인을 만나게 된다는 전설이 있다고 한다.

삼족섬은 우리나라와 중국에만 있다는 다리가 세 개뿐인 두꺼비를 말한다. 주로 돈을 먹는데 항문이 없어 먹기만 하고 배출하지는 않으니 돈이 쌓인다고 한다. 그래서 삼족섬을 만지면 재복이 생긴다고 한다. 좋다고 하면 꼭 해보고 싶은 것이 사람 심리다. 재미 삼아 두꺼비를 만져보긴 했지만, 사실 재복이 생기려면 많이 베풀고 좋은 일을 많이 해야 한다.

의상대는 너무나 유명하고 인기가 많아 한적하게 머물기 쉽지 않다. 사람이 많지 않은 틈을 타서 의상대 안에 앉아 보았다. 푸르른 소나무, 하얗게 부서지는 파도, 검푸른 바다. 이 모든 것이 한 폭의 그림

과도 같다. 이곳에 터를 잡은 의상 대사의 남다른 안목이 느껴진다. 이곳에서 참선하며 삼매에 드신 의상 대사의 모습을 떠올려 본다. 소나무 사이로 보이는 홍련암도 무척이나 아름답다. 짭조름한 바다 냄새와 귓가에 스치는 바람을 오랫동안 느껴 본다.

의상대에서 바닷가를 따라 산책하듯 계단을 오르다 보면 홍련암에 다다른다. '짧은 시간이 한량없이 긴 세월이고 한량없이 긴 세월이 결국 짧은 시간이다.'라는 글귀가 새겨진 홍련암 입구에는 산불 당시의 사진이 전시되어 있다. 불탄 법당 모습을 보니 가슴이 또 아프다. 화마가 남긴 상처가 너무나 크다. 다시는 이런 화재가 일어나지 않기를 간절히 기도한다.

의상 대사는 관세음보살을 친견하기 위해 이곳에 와 파랑새를 만났다. 새가 석굴 속으로 들어가기에 굴 앞에서 밤낮으로 기도했다. 7일 후 바다 위에 붉은 연꽃이 솟아오르며 관세음보살을 친견했다고 전해진다. 홍련암(紅蓮庵)이라는 이름도 여기에서 유래되었다. 홍련암 바닥에는 작은 구멍이 있다. 유리가 끼워진 그 구멍으로 파랑새를 볼 수 있다고 해 유심히 아래를 내려다본다. 나는 아직 파랑새를 보지 못했다. 대신 세차게 파도치는 동해를 보았다. 혹시나 파랑새를 볼 수 있을까, 하는 마음에 하염없이 구멍을 또 바라본다.

아름다운 동해를 내려다보며 오랜 시간 그 자리를 지킨 낙산사 관세음보살님. 힘들고 지치고 어려울 때 기도하면 그 소리를 듣고 소원을 들어주신다는 관세음보살님을 생각하면 큰 위안과 위로가 된다.

시원한 풍광을 자랑하는 홍련암.

항상 그 자리에 계시니 생각만으로도 마음이 든든하다. 낙산사를 참배하는 분들의 간절한 소원이 관세음보살님께 닿아 원만 성취될 것이라 믿는다.

'무여 스님 TV'
낙산사 편
바로 보기

사찰 정보

양양 낙산사	강원도 양양군 강현면 낙산사로 100
	033-672-2447
	템플스테이 운영

함께 볼 만한 곳

남대천생태관찰로

연어의 모천이라 불리는 양양 남대천의 자연을 관찰할 수 있는 생태 여행지다. 남대천에는 연어와 은어, 황어, 버들개 등 다양한 생물이 서식한다. 길게 뻗은 데크 탐방로를 따라 금빛 갈대숲을 산책할 수 있다. 일몰 명소로도 널리 알려져 있다.

삼척 천은사

촬영 날짜를 정하고 난 후 가장 먼저 점검해야 할 것은 날씨다. 날씨가 야외 촬영에 큰 영향을 미치는 만큼 비나 눈은 피해야 할 대상이다. 그런데 새벽부터 비가 부슬부슬 내리기 시작한다. 비 오는 날을 별로 좋아하지 않지만, 날씨는 선택할 수 없지 않은가. 이미 비는 내리고 있고 할 수 있는 일은 이 상황에서 최선을 다하는 것뿐. 바꿀 수 없는 상황이라면 즐기는 수밖에 없다.

천은사. 하늘의 은혜를 입었다는 뜻이 이름에 담겨 있다. 주지 동은 스님이 반갑게 맞아 주신다. 동은 스님은 월정사로 출가해 교무국장과 단기출가학교장 등을 역임하고 현재 천은사 주지 소임을 맡고 있다. 무문관에서 수행했던 이야기를 모아서 『무문관 일기, 그대 지금 간절한가』라는 책도 펴냈다. 3평 남짓한 무문관에서 어떻게 수행

아 미 타 불   관세음보살

천은사의 중심 전각인 극락보전에 모셔진 아미타삼존불.

하셨는지 궁금하지 않을 수 없다.

"바닥에 깔린 요 위를 걸으면 딱 네 걸음 만에 벽이에요. 네 걸음씩 걸으며 1시간 정도 포행(布行, 참선을 하다 일어나 걸으며 몸을 이완시키는 것)하다 보면 머리가 핑 돌아요. 방에서 뱅뱅 도는 것이 어지러워서 '백 걸음만 걸으면 소원이 없겠다.'라는 생각이 문득 들었어요. 그 속에서 일상생활에 대한 감사한 마음을 갖게 되었지요."

무문관은 밖에서 문을 걸어 잠그고 수행하는 곳이다. 자발적인 감옥이라고 생각할 수도 있다. 사방이 꽉 막힌, 지독하게 고독한 곳. 그곳에서는 철저하게 고독과 친해지며 혼자 견뎌야 한다. 무문관 수행 이야기가 궁금하다면 스님의 책을 펼쳐 보자.

스님의 안내로 천은사를 둘러보았다. 먼저 중심 전각인 극락보전을 참배한다. 극락보전 안에는 아미타삼존불이 모셔져 있다. 고려 말에서 조선 전기에 제작된 것으로 추정된다. 1948년 천은사에 큰불이 났을 때, 신도들이 침착하게 아미타삼존불을 모시고 나와 삼장사로 옮겼다고 한다. 불이 나더라도 침착하게 대응하면 내 목숨뿐 아니라 부처님도 지킬 수 있다. 무슨 일이 있어도 당황하지 않는 것, 인생 살아가는 데 매우 중요한 일이다. 무사한 부처님을 보면서 다시 한번 가슴을 쓸어내린다.

다음으로 약사전을 참배한다. 이곳에 모셔진 약사여래불이 예사

천은사라는 이름에는 '하늘의 은혜를 입었다.'는 뜻이 담겨 있다.
극락보전에서 바라본 전경.

천은사 주지 동은 스님과 '솔밭 카페'에서 함께한 비빔밥 공양.

롭지 않다. 천은사 불사를 하던 중 땅속에서 15cm 정도의 금동약사
여래불이 출토되었는데, 강원도 유형문화재로 지정되어 월정사 성
보박물관으로 옮겨졌고 천은사에는 실물을 재현한 부처님을 모셨
다. 일반적인 약사불과 달리 입상(立像)으로 표현한 모습이 인상적이
다. 중생 제도를 위해 여념이 없는 모습을 표현하기 위해 입상으로
조성한 것이다. 몸과 마음이 아프고 괴로운 중생들이 눈물을 흘리며
하소연할 때, 약사여래불은 따뜻한 손길을 보내 주신다. 병으로 고생
하는 분들이 고통에서 벗어나기를 간절히 기도해 본다.

　약사전 옆에는 천은사의 자랑, 가죽나무가 자리 잡고 있다. 봄이면
가죽나무에서 꽃이 피어 향기가 온 도량에 진동하는데, 나무가 너무

높아 따 먹을 수는 없다고 한다. 사다리로 올라가서 가죽을 딸 수는 없을까, 하는 생각을 해볼 만큼 가죽나무의 크기에 놀랐고 얼마나 더 자랄지 궁금하기도 하다.

두타산 북동쪽의 봉우리인 쉰움산에는 50여 개의 우물이 있고 기암괴석도 많다. 이 쉰움산의 산신님은 예로부터 기도 가피가 빠르다고 알려져 있다. 천은사 산신각에서 간절한 마음으로 소원을 빌면 인자한 할아버지 같은 산신님이 소원을 들어주실 것 같다. 사찰마다 다른 산신님을 찾아보는 재미도 쏠쏠하다.

천은사에는 일명 '솔밭 카페'가 있다. 동은 스님이 이름 붙인 산책로 쉼터인데, 불자들이 차 한잔 마시며 쉴 수 있는 비밀 공간이다. 스님은 이곳에 간식거리를 살짝 숨겨두고 누구든 먹을 수 있게 한다. 전망이 좋아서 그런지 이곳에서 먹는 차와 간식은 더 꿀맛일 것 같다. 동은 스님의 따뜻한 배려와 자상함을 느낄 수 있다.

천은사 경내에는 고려 시대 문인이자 정치가인 이승휴(1224~1300) 선생을 모신 사당, 동안사가 있다. 선생은 불의를 참지 못하고 직언을 서슴지 않아 좌천과 파직을 반복했는데, 오히려 '움직이는 것이 편안하다.'는 뜻으로 스스로 호를 동안(動安)이라 지었다. 말년에는 이곳에 용안당(容安堂)을 지어 머물며 대장경을 읽고 『제왕운기』를 저술했다. 1294년(고려 충렬왕 20)에는 용안당을 절에 시주했는데 대장경을 보던 곳이라는 뜻으로 '간장암(看藏庵)'이라 이름했다.

천은사 촬영을 마치니 어느새 해가 저물었다. 이제 한숨 돌린다.

부슬비로 머리부터 발끝까지 다 젖었다. 몸은 피곤하지만 친절한 동은 스님과 '무여 스님 TV' 구독자라며 반겨준 불자님들이 있어 따뜻한 정을 느낄 수 있는 시간이었다.

예전에는 비를 좋아하지 않았는데, 지금 이 순간 비 내리는 산사의 아름다움에 흠뻑 젖어 든다. 똑, 똑, 똑, 똑. 기와에서 떨어지는 빗방울 소리가 어쩜 이리 청아한지. 어디서도 느끼지 못한 고요와 평안을 느낀다.

> 고요함 속에 고요함은 진정한 고요함이 아니니, 움직이고 있는 곳에서 고요함을 얻어야 비로소 마음의 참된 경지에 이르는 것이요, 즐거운 곳에서의 즐거움은 진정한 즐거움이 아니니, 괴로움 속에서 즐거움을 얻어야 비로소 마음의 참 활동을 보게 되리라.
> ─『채근담』 중에서

비에 젖은 능소화와 백일홍이 더 선명하고 아름답다. 단풍이 들면 풍광이 더 좋다는 동은 스님의 말씀에 가을에 다시 천은사를 찾기로 했다. 사찰은 사계절 다른 풍광을 우리에게 선물해 준다. 언제 가든 설레고 행복하다. 여러분도 천은사의 사계를 모두 느껴보시길.

'무여 스님 TV'
천은사 편
바로 보기

삼척 천은사　　강원도 삼척시 미로면 동안로 816
　　　　　　　　033-572-0221

함께 볼 만한 곳

환선굴

약 5억 3,000만 년 전에 생성된 석회암 동굴로, 태곳적 자연을 간직한 국내 최고의 대굴이다. 동굴 내부에는 다양한 모양의 종류석과 석순, 석주가 있다. 환선굴에서 발견된 동물은 모두 47종인데 이 중 환선장님좀딱정벌레 등 4종은 환선굴에서만 발견되거나 환선굴이 모식산지로 기록되어 있다. 모노레일을 운영하고 있어 좀 더 쉽게 관람할 수 있다.

의정부 망월사

도봉산 포대능선, 바위 정상 아래 자리 잡은 망월사는 639년(신라 선덕여왕 8), 해호 화상이 삼국통일과 신라 왕실의 융성을 기원하며 창건했다. 대웅전 동쪽에 토끼 모양의 바위가, 남쪽에 달 모양의 바위가 있어 마치 토끼가 달을 바라보는 모습 같다 하여 망월사(望月寺)라 불렸다고 한다. 신라의 마지막 왕인 경순왕의 장남 마의 태자가 이곳에 은거했다고도 전해진다.

망월사로 오르는 길은 도봉산 매표소에서 대원사, 원효사, 광법사를 차례로 거쳐 가는 코스가 있고 원도봉 계곡을 따라가는 코스가 있다. 나는 계곡을 따라 오르는 코스를 택했다. 산을 오르는 발걸음이 가볍다. 등산을 그다지 좋아하지 않는데, 이번만큼은 즐거웠다. 계곡 물소리가 상쾌하다. 산들산들 부는 산바람은 땀을 식혀주기 그

만이다.

맑은 계곡을 보며 물의 미덕에 대해 생각해 본다. "물은 다투지 않고 가장 낮은 곳을 구하므로 세상에서 가장 부드러운 것으로 가장 단단한 것을 이긴다."고 하지 않던가? 한 방울, 두 방울의 물이 모이면 그토록 단단한 바위도 깨트릴 수 있다. 노자는 "물의 선함은 만물을 이롭게 하지만 다투지 않고 만인이 싫어하는 곳에 거처한다."고 했다. 물을 보면서 이처럼 만물의 이치를 깨달을 수 있다. 도(道)는 멀리 있지 않고 지금 여기, 우리의 삶 속에 있다.

계곡 물소리와 시원한 바람을 벗 삼아 산을 오르다 보면 흙냄새, 풀냄새가 코를 자극한다. 돌에 낀 초록 이끼에서는 강인한 생명력을 느낄 수 있다. 이끼를 보면 어린 시절이 생각난다. 초등학교 저학년 때다. 선생님이 이끼를 가져오라는 숙제를 내주셨기에 백과사전에서 이끼를 찾아본 후 뒷산에 올랐다. 당시 사전에서 본 이끼는 확대한 모습이 마치 어떤 풀처럼 생겨서, 그 풀을 찾으러 한참을 돌아다녔다. 비슷한 풀이 있길래 이끼라 확신하고 다음 날 학교에 가져갔다. 그런데 내가 가져간 것은 이끼가 아닌 다른 풀이었다. 다른 친구들이 가져온 이끼를 보고 창피해진 나는 결국 가져간 이끼를 내놓지 못하고 슬그머니 숨겼던 기억이 난다. 이끼에 얽힌 어릴 적 추억이다.

등산객들이 많이 찾는 길이라 그런지 곳곳에 쉼터와 운동 기구들이 있다. 산악인 엄홍길 씨의 사진과 글도 볼 수 있다.

맑은 계곡을 따라 망월사에 오르며 물의 미덕에 대해 생각해 본다.

"산은 올 때마다 새로운 모습을 내게 보여줘요. 올 때마다 새로운 것이 산을 찾는 매력이지요. 도봉산에서 3살 때부터 살았어요. 내게는 어머니와 같은 산이죠. 어릴 때는 눈이 정말 많이 왔어요. 하지만 이리저리 뛰어다니며 도봉산을 누볐죠."

엄홍길 씨는 어릴 때부터 산을 좋아했기에 히말라야 8,000봉을 16좌 완등하는 쾌거를 이루었고, 대한민국 산악계의 영웅이 되었다. 자신이 좋아하는 일을 하다 보면 그 일로 성공할 수 있다. 공부도 일도 운동도 그렇다. 어떤 일이든 중도에 포기하지만 않는다면 원하는 목표를 달성할 수 있다. 물론 열정과 끈기와 인내심이 뒷받침되어야 가능한 일일 것이다.

불교에서는 어떤 목표를 이루기 위해 원을 세우는 것을 원력(願力)이라고 한다. 원력은 삶의 원동력이다. 성취하고자 하는 목표가 있으면 의지와 열정이 생긴다. 젊었을 때뿐만 아니라, 나이가 들어서도 원력이 있어야 한다. 그래야 삶이 무기력해지지 않고 늘 생동감이 있다. 삶의 활력과 생동감이 생기면 그 밝고 생기 넘치는 에너지가 주변에까지 전달되어 주위 사람들도 기분 좋게 만들 수 있다. 원력은 한 번만 세우는 것이 아니라 계속 세우는 것이다. 나의 원력은 성불하는 그날까지 한결같이 수행하는 것이다.

망월사 가는 길에는 다리가 많다. 첫 번째 다리는 중생교이고 가다 보면 천중교가 있다. 마지막 다리는 극락교다. 극락세계로 가는 다리. 나는 힘들 때일수록 '나무아미타불 관세음보살' 염불을 많이 한다. 염불하다 보면 마음이 안정되고 지혜가 생긴다. 화나고 짜증 나고 흥분된 상태로는 현명한 선택을 하기 힘들다. 그럴 때는 일단 한 박자 쉬어야 한다. 잠시 멈춤. 어지러운 그 상태를 객관적으로 바라볼 수 있는 가장 좋은 방법이다. 잠시 멈추고 심호흡을 한 후 마음이 안정될 때까지 염불한다. 마치 파도치는 바다가 잔잔해지기를 기다리는 것처럼 말이다. 성난 파도도 시간이 지나면 잠잠해지듯이 우리의 요동치는 마음도 시간을 두고 기다리면 서서히 안정된다. 나는 염불을 통해 마음의 안정을 느끼고 평온해진다. '나무아미타불 관세음보살'을 생각하는 그 마음자리가 바로 부처님 마음과 같다. 욕심내는 마음, 성내는 마음, 어리석은 마음을 부처님의 지혜 광명으로 바꾼다.

가볍게 1시간이면 올라갈 수 있는 거리를 촬영하면서 오르다 보니 2시간 정도 소요됐다. 드디어 망월사에 도착! 해탈문을 지나 경내에 들어선다. 때마침 선방 스님들의 아침 울력 시간이었다. 한 스님이 길을 쓰는 울력 중이라고 말씀해 주셨다. 망월사 선원에는 오롯이 참선하는 스님들이 안거 정진 중이다. 매년 음력 4월 15일부터 7월 15일까지, 10월 15일부터 1월 15일까지 각 3개월간 한곳에 머물며 수행하는 것을 '안거(安居)'라고 한다. 부처님 당시부터 행해지던 안거는 그 후 중국에 전해지면서 선종 부흥과 함께 선원 청규로 엄격히 자리 잡았다. 안거 기간에 선방이 있는 사찰을 참배할 때면 스님들 공부에 방해되지 않도록 몸가짐이 더욱 조심스러워진다.

망월사는 예로부터 뛰어난 선승들을 많이 배출했다. 고려 시대에는 혜거 국사와 나옹 선사, 조선 시대에는 천봉·명월·도암 스님 등이 계셨고, 근대에는 용성·만공·한암·전강·금오·춘성 스님이 머물며 후학을 지도했다. 1905년 용성 스님이 천중선원을 건립하고 이어 능엄 스님이 요사채와 심검당을 새로 지었다. 1981년 문경 봉암사와 함께 조계종립 특별선원으로 지정되었다. 현재도 참선 수행도량으로 많은 스님이 정진하고 있는 유서 깊은 선원이다.

원래 안거 기간에는 선원 출입이 엄격히 제한된다. 그러나 선방 입승 스님의 허락을 받아 오전에 선원 대청소 울력을 촬영하는 특권을 누릴 수 있었다. 이 또한 부처님의 가피라는 감사한 마음으로 비구 스님들이 정진하는 천중선원에 들어가 보았다. 유서 깊은 선원을 촬영할 수 있다는 사실에 감격스러웠다. 선방 안에는 스님들이 정진하시던 좌복이 그대로 놓여 있었다. 이번 한 철도 열심히 참선해서 무상대도(無上大道)를 성취하시길 기원한다.

스님들이 울력하는 모습을 뒤로하고 영산전으로 올라간다. 이 계단은 선원을 통해서만 갈 수 있기에 참배객들은 이용하기 어렵다. 영산전은 나옹 선사가 조성했다고 전해진다. 안에 모셔진 부처님과 16나한은 유형문화재로 지정되어 있다. 오랜 역사가 느껴지는 아담한 전각이다. 영산전 앞에 서니 의정부시가 훤히 내려다보이고 망월사의 모든 전각이 한눈에 들어온다.

시원한 경치를 감상한 후 혜거국사부도로 향한다. 혜거 국사

망월사 선원의 아침 울력 시간.
망월사는 예로부터 뛰어난 선승들을 많이 배출했다.

조선 전기에 건립한 것으로 추정되는 혜거국사부도.

(899~974)는 고려 광종 시기의 스님으로 958년 고려 최초로 국사에 임명됐다. 혜거 국사의 사리를 안치한 이 부도는 조형 감각이나 조각 수법으로 보아 조선 전기에 건립한 것으로 추정된다.

보통 법회를 마칠 때 네 가지 서원을 담은 '사홍서원'을 한다. 이는 중생이 가없이 많지만 기어이 다 구제하겠다는 서원, 번뇌가 끝이 없지만 기필코 다 끊겠다는 서원, 광대무변한 부처님의 가르침을 모두 배우겠다는 서원, 위없는 불도를 이루겠다는 서원이다. 네 가지 큰 원을 세운 보살의 원력을 본받아야 할 것이다.

망월사 오르는 길은 그다지 가파르지 않아 산책하듯 가벼운 마음으로 갈 수 있다. 하지만 차가 없던 시절에는 쌀이며 물, 향, 초 등을 짊어지고 높은 산을 올랐을 것이다. 그 정성에 하늘이 감동하고 부처님이 감동해, 산을 오르는 중에 이미 기도가 성취되기도 했으리라. 기도는 정성스럽고 간절한 마음이라 생각한다. 개인의 소원을 다른 이들을 위한 서원으로 확장해 나간다면 더욱 참된 기도가 될 것이다. 많은 사람을 위한 원력, 사홍서원을 다시 한 번 가슴에 새겨본다.

'무여 스님 TV'
망월사 편
바로 보기

사찰 정보

의정부 망월사 경기도 의정부시 호원동 413
031-873-7744

함께 볼 만한 곳

미륵암

의정부시 부용산 자락에 있는 미륵암은 정확한 창건 연대는 알 수 없으나 1468년(세조 14) 이전에 혜암 스님이 창건했다고 전한다. 구전에 의하면 조선 시대 한 농부가 밭을 갈다 미륵불상을 발견했고, 이 소식을 들은 세조가 신숙주에게 명해 절을 짓게 했다. 신숙주의 부탁을 받은 혜암 스님이 절을 짓고 미륵암이라 이름 지었다. 그 뒤 1892년(고종 29) 운송(雲松)이 중수해 오늘에 이른다.

청주 마야사

마야 왕비. 2,600여 년 전 인도 카필라바스투에서 태어난 고타마 싯다르타의 어머니다. 싯다르타는 출가해 수행 끝에 부처님이 되셨다. 부처님의 깨달음과 가르침은 오늘날까지도 많은 사람의 등불이 되고 있다. 나 역시 부처님이 가신 그 길을 따라가고자 출가 수행자의 길을 택했다.

오늘은 부처님의 어머니, 마야 왕비의 포근함과 따뜻함을 느낄 수 있는 청주 마야사로 향한다. 마야사라는 이름에는 마야 왕비를 기리는 마음이 새겨져 있다. 위대한 부처님을 탄생시킨 마야 왕비처럼, 마야사도 중생을 바른길로 인도하는 자애로운 어머니 같은 사찰이 되길 바라는 주지 현진 스님의 창건 이념이 담긴 이름이다.

마야사에 들어서면 넓은 잔디밭이 먼저 눈에 들어온다. 초록빛 잔

초록 잔디가 눈을 시원하게 하는 마야사.

대웅전 외벽에 마야 왕비의 태몽 장면을 나타낸 벽화가 그려져 있다.

디가 보는 이의 눈을 시원하게 해준다. 곳곳에 보이는 좋은 글귀와
소담한 꽃들이 절로 미소를 짓게 만든다. 마야사 정원은 꽉 채워져
있지 않다. 정원을 이렇게 비워 놓은 이유는 보는 이가 공간이 주는
넉넉함, 여유를 느낄 수 있게 하기 위함이다. 현진 스님은 이를 '풍경
치유'라고 표현했다.

"힘들고 지치고 마음이 무거울 때, 어떤 풍경 한 장면이 나를 위로해

줄 때가 있어요. 풍경이 주는 힘이지요. 마야사는 '프로그램이 없는 사찰'인데, 절에 들어섰을 때 마음이 고요해지고 편안해지는 것이 가장 좋은 프로그램이라고 생각하기 때문입니다."

법정 스님도 『텅 빈 충만』에서 비워야 채울 수 있음을 말씀하셨다. 그동안 무언가를 채우기에 급급했다면 한 번쯤 내가 가진 것과 더 가지려는 욕심을 똑바로 바라보고, 자꾸 채우려는 마음을 내려놓으면 좋겠다. 내려놓고 비울 수 있어야 비로소 '텅 빈 충만'의 진정한 의미를 깨달을 수 있을 것이다. 한참 동안 마야사 정원을 바라보며 따뜻한 위로를 느낀다.

마야사의 중심 전각은 대웅전이다. 마야 왕비가 고타마 싯다르타를 낳았을 때의 나이가 35세로 추정되기 때문에 35평으로 지었다고 한다. 마야 왕비는 꿈에서 선혜보살(부처님의 전생)이 여섯 개의 어금니를 가진 코끼리를 타고 날아와 오른쪽 겨드랑이로 들어오는 태몽을 꾸었다고 한다.

대웅전에는 사바세계에 계시는 석가모니불, 극락세계에 계시는 아미타불, 유리광세계에 계시는 약사여래불 이렇게 삼존불이 모셔져 있다. 사바세계(娑婆世界)는 중생이 사는 세계로 감인토(堪忍土), 인토(忍土), 인계(忍界)라고 번역한다. 우리가 사는 이 세계의 중생들은 참고 견디면서 살아가야 하므로 '인토'라고 하는 것이다. 극락세계(極樂世界)는 극락정토, 극락국토를 말한다. 사바세계에서 서쪽으로 10만 억 불국토를 지나서 있는 곳으로, 어떠한 번뇌와 괴로움도 없이 편안하고 청정한 세계이자 아미타불이 상주하는 이상적인 세계다. 유리광세계(琉璃光世界)는 중생을 병고와 재난에서 구제하고 수명을 연장해 주는 부처님인 약사여래불이 있는 세계다. 약사여래불의 가장 큰 특징은 손에 약기(藥器, 중생의 병을 치료해 주는 약병)를 들고 있는 것이다.

법당 천장도 예사롭지 않다. 대체로 법당 천장은 단청으로 화려하

부처님 태몽에 나온 아기 코끼리 모습의 바위.

게 꾸며져 있는데, 마야사 법당 천장은 시원하게 뻥 뚫려 있다. 천장이 환하니 법당이 더 넓어 보인다. 그 안에서 오직 연꽃이 환희롭게 피어나고 있다.

법당 앞에는 마야 왕비의 태몽에 나온 것과 같은 아기 코끼리 바위를 만날 수 있다. 현진 스님은 이 코끼리가 일어서는 날에 불교도 다시 중흥하게 될 것이라고 웃으며 말씀하셨다. 통나무집 형태의 산신각이 정겹다. 인자한 할아버지 같은 산신님이 마야사에 잘 왔다고 인사를 건넨다. 산신 옆에서 맛있는 과일을 공양 올리는 동자와 온순해 보이는 호랑이도 인상적이다.

이처럼 마야사 곳곳에는 현진 스님의 손길이 묻어 있다. 절 입구의 참나무, 뒷길의 벚나무, 울타리로 서 있는 주목, 뒤뜰의 감나무, 높이

마야사 주지 현진 스님과 그네를 타니 동심으로 돌아간 듯하다.

를 가늠할 수 없는 두충나무 들이 줄지어 있고, 여기저기 피어 있는 꽃이 보는 이의 마음을 기쁘게 해준다.

어디 하나 정성이 담기지 않은 곳이 없다. 보이지 않는 곳일수록 청결에 힘쓴다는 원칙 덕분이다. 깨끗한 해우소, 정돈된 법당 뒤편의 모습에서 스님의 부지런함을 느낄 수 있다. 여름에는 풀이 많아서 풀 스테이(풀 메는 일을 하며 절에 머문다는 뜻)를 하신다는 스님. 언젠가 시간이 된다면 나도 템플스테이가 아닌 풀스테이에 동참해 풀을 메어 드리고 싶다.

마야사는 사찰보다 카페가 더 유명하다. 바로 마야 카페. 불자가 아니어도, 법당에 참배하지 않아도 편하게 이용할 수 있는 공간이다. 특히 여름에만 맛볼 수 있는 절빙(절에서 만드는 빙수라는 뜻으로 스님이 지은 이름)이 유명하다. 국산 팥과 눈꽃 얼음, 인절미가 있는 팥빙수다. 더위를 싹 가시게 하는 시원한 맛이다.

"절이 아무리 좋아도 방문하지 않으면 소용이 없습니다. 그러기 위해서는 법회 때만이 아니라 평소에도 자주 찾을 수 있어야 하는데, 그 매개가 바로 커피라고 생각합니다. 지금은 신도들보다 커피를 마시러 방문하는 분들이 더 많을 정도지요. 1시간 이상 머물다 보면 자연스럽게 절이 친근해지지 않겠습니까."

마야사에서는 매시간이 행복하다. 떠가는 구름도 여유롭고, 지나

가는 나그네에게 기꺼이 자리를 내어 준 은행나무 그네도 정겹다. 현진 스님이 지어준 이름은 '나그네'. 스님과 나란히 앉아 그네를 타니 동심으로 돌아간 듯하다. 마음만은 그 시절처럼 맑고 순수했으면 좋겠다. 그네에 앉아 시원한 바람을 맞으며 떠가는 구름을 보니, 나의 마음도 구름 따라 자유롭고 편안하게 이 순간을 즐길 뿐이다. 어머니의 품같이 따뜻하고 포근한 마야사, 언제든 생각나면 찾아가고 싶은 곳이다.

'무여 스님 TV'
마야사 편
바로 보기

사찰 정보

청주 마야사　　충청북도 청주시 상당구 가덕면 수곡1길 23-66
　　　　　　　　043-297-1900

함께 볼 만한 곳

청주 고인쇄박물관

현존하는 세계에서 가장 오래된 금속활자본 『불조직지심체요절(佛祖直指心體要節)』이 간행된 옛 흥덕사지에 건립된 박물관이다. 유네스코 세계기록유산으로 등재된 '직지'와 우리 인쇄 문화의 우수성을 알리기 위한 다양한 전시와 체험프로그램이 운영되고 있다.

문경 한산사

|
한가롭게
쉬어가는 절

한반도의 뼈대를 이루는 백두대간. 이 산줄기는 백두산에서 시작해 동쪽 해안선을 따라 남쪽으로는 지리산까지 이어진다. 총 길이가 1,400km인데 지리산에서 향로봉까지의 남한 구간만 해도 690km에 이른다. 백두산에서 시작된 줄기를 따라 금강산, 설악산, 오대산, 태백산, 소백산이 뻗어 나오다 고개를 낮추는 지점이 있다. 이곳에 잠시 한가롭게 쉬어 간다는 의미의 사찰, 한산사(閑山寺)가 있다.

경상북도 문경시 운수산에 있는 한산사는 월암 스님이 창건한 사찰이다. 평소 스님은 불자들이 이 단어 하나만 기억하고 실천한다면 한국 불교의 미래가 밝을 것이라는 말씀을 자주 하신다. 바로 '친절'이다. 달라이 라마도 종교의 핵심은 친절이며, 깨달음보다 먼저 갖추어야 할 것이 자비라고 강조했다. 그 가르침과 일맥상통하는 것이 아닐까 싶다. 세상에서 가장 좋은 절은 '친절'이라는 말도 있지 않은가. 자비의 종교인 불교에 친절이 없다면 그것은 실천이 없는 종교다. 친절은 아무리 강조해도 부족함이 없는 단어다. 월암 스님은 친절을 이렇게 풀이하셨다.

> "친절(親切)에는 안의 친절과 밖의 친절, 두 가지가 있습니다. 수행자가 안으로 간절하게 본분 일대사에 사무치는 것이 안의 친절이고, 모든 생명을 부처님으로 섬기는 것이 밖의 친절입니다. 곧 견성성불(見性成佛)이 안의 친절이고, 요익중생(饒益衆生)이 밖의 친절입니다. 한국 불교가 회생하기 위해서는 친절이 묘약입니다."

마음에 와닿는 말씀이다. 친절을 가슴속에 새긴다면 안으로는 깨달음을 구하고, 밖으로는 자비를 실천하는 진정한 자리이타의 완성을 할 수 있지 않을까 생각해 본다. 나 역시 출가하는 그 순간부터 '상구보리 하화중생(上求菩提 下化衆生, 위로는 깨달음을 구하고 아래로는 중생을 제도하리라)'이라는 원력을 세우고 실천하려 노력하지만, 간혹 나태해질 때마다 다시 발심하며 다져야 한다.

한산사 터는 1960년대에 화전민 300여 명이 거주했던 곳이라고 한다. 월암 스님은 이곳이 원래 많은 이들의 삶의 터전이었기에 앞으로도 대중이 모여 함께 정진할 수 있는 도량을 만들고자 원력을 세웠다. 선원이 중심인 사찰이라 무척이나 고요하다. 깊은 산속인 데

백두대간 줄기 화전민이 살던 터에 자리 잡은 한산사.

다 사람의 왕래도 뜸해 수행이 저절로 될 것 같은 느낌이다. 이런 곳에서는 할 수 있는 것이 오직 참선뿐이지 않을까? 그래서인지 수행하는 스님들의 얼굴이 맑고 밝다. 그 모습을 보니 신심과 환희심이 절로 난다.

한산사의 가람배치는 2단으로 이뤄져 있다. 아래쪽 가람은 휴정선원을 중심으로 구성된 재가불자들의 수행 공간이고, 위쪽 가람은 용성선원을 중심으로 구성된 스님들의 수행 공간이다. 안거 기간에는 주로 비구 스님들이 위쪽 가람인 용성선원에서 정진한다.

2022년 2월, 월암 스님과 유나방송의 정목 스님이 주관한 불이선회에 참석한 적이 있다. 당시 비구 스님들은 휴정선원에서, 비구니 스님들은 용성선원에서 참선을 했다. 선회에 참석한 비구니 스님의 숫자가 더 많자 비구 선원인 용성선원을 선뜻 내어 주신 것이다. 그때 이야기를 조금 더 하자면, 4박 5일 동안 월암 스님의 선법문을 듣고 새벽과 저녁에는 참선을 했다. 참석한 모든 스님이 신심을 내고 원력을 굳건히 하는 값진 시간을 보냈다. 처음 발심했던 마음이 떠오르고 불도를 이루고자 하는 원력을 다시 세울 수 있는 귀한 시간이었다. 마지막 날에는 도반들과 눈물을 흘리며 이야기를 나누었는데 그때의 감동이 지금도 생생하다. 공부를 이끌어주는 선지식과 함께 공부하는 도반이 있기에 가능한 일이었다. 모든 인연에 진심으로 감사한 마음이다.

용성선원이라는 이름은 용성 스님의 법명에서 비롯됐다. 백용성 스님(1864~1940)은 대선지식이자 독립운동가 민족대표 33인 중 한 분이시다. 월암 스님의 상노스님이라서 더욱 각별하신 것 같다.

용성선원에는 보현보살이 주불로 모셔져 있다. 선원에는 흔히 지혜의 상징인 문수보살 또는 달마 대사를 모시는데, 이곳에 보현보살을 모신 데는 이유가 있다. 문수보살이 자기의 본성을 깨달아 부처가 되는 일, 지혜의 완성을 상징한다면 보현보살은 모든 중생을 이익되게 하는 자비의 실천을 상징한다. 지혜와 자비, 곧 문수보살과 보현보살이 둘이 아닌 불이(不二)를 실천하고자 보현보살을 모시고, 보현행원을 강조하고자 한 것이다.

「보현행원품」은 『화엄경』에 나오는 말씀으로, 선지식을 찾아 나선 구도 여행을 마친 선재 동자가 마지막으로 보현보살을 만나 열 가지 보현행원에 대한 구체적 가르침을 받는 내용이다. 보현보살은 선재 동자에게 "부처님의 공덕은 모든 세계 모든 부처님이 미래세가 다하도록 말하여도 그 공덕을 다 말하는 것이 불가능할 정도로 크다."는 가르침을 설한 후, 부처님 공덕 세계에 들어가기 위한 가장 중요한 방법으로 열 가지 행원을 제시한다. 그 열 가지 행원이란

첫째 일체 부처님을 공경하고 예배하며, 둘째 모든 부처님을 찬탄하고 칭찬하고, 셋째 부처님께 널리 공양하고, 넷째 업장을 참회하며, 다섯째 다른 이들의 공덕을 같이 기뻐하고 따르며, 여섯째 법문을 청하며, 일곱째 부처님이 오래 이 세상에 머무르시기를 청하며, 여덟째 언제나 부처님의 모든 것을 따라 배우며, 아홉째 언제나 중생의 뜻을

월암 스님은 대중이 함께 정진할 수 있는
도량을 만들고자 한산사를 창건했다.

따라 주며, 열째 지금까지의 모든 공덕을 일체 중생에게 되돌리는 것
이다.

휴정선원은 재가자들의 수행처이자 법당이다. '휴정'이라는 이름
은 청허휴정 곧 서산 대사를 의미한다. 휴정 스님(1520~1604)은 조선
중기의 고승이자 승장(僧將)이다. 임진왜란 당시 백성들의 곤궁함을
그냥 지나칠 수 없었던 스님은 제자인 사명당 유정 스님과 함께 전국
의 수많은 스님을 모아 승병을 일으켰다. 휴정 스님이 묘향산에 계실
때 50여 권의 경전과 논서와 어록을 보시고 요긴하고 간절한 말들을

뽑아 두었다가, 후학들을 위해 주해나 게송을 달고 풀이한 후 1564 년에 직접 서문을 쓰신 책이 『선가귀감』이다. 부처님께서 중생들을 위해 팔만사천 법문을 하신 내용이 바로 교(敎)이며, 그것을 알고 깨치고자 하는 것이 선(禪)이다. '교는 부처님의 말씀이고, 선은 부처님의 마음이다.' 선과 교가 둘이 아닌 이치를 밝힌 말이다. 선을 하는데 교가 빠져서는 안 되고, 교를 하는데 선이 빠져서도 안 된다. 선교 일치를 주장한 휴정 스님의 가르침을 새기며 정진하기를 바라는 마음이 휴정선원에 담겨 있다.

휴정선원의 주불은 자비의 상징, 관세음보살이다. 관세음보살은 중생을 고통으로부터 지켜주는 대자대비의 보살이다. 관세음보살을 늘 생각하고 염(念)하다 보면 자비가 샘솟아 자비로운 말과 행동으로 살아갈 수 있지 않을까 생각한다.

온 세상이 깨어 있음으로 둘 아니게 하리라. 온 세상이 친절로 둘 아니게 하리라. 온 세상이 나눔으로 둘 아니게 하리라. 온 세상이 뉘우침으로 둘 아니게 하리라. 온 세상이 해탈로 둘 아니게 하리라. 근심과 걱정, 번뇌와 망상을 벗어놓고 허공 같은 마음으로 모든 생명을 사랑하며 깨어 있고 열려 있는 삶을 살아가자.
-월암 스님, 『니 혼자 부처 되면 뭐하노』 '불이선 서원' 중에서

마음이 깨어 있으면 지혜가 발현되고 자비심이 우러나온다. 늘 깨

어 있고 열려 있는 마음으로 부처님의 지혜와 자비를 실천하고자 다
시 한 번 원력을 다져 본다.

'무여 스님 TV'
한산사 편
바로 보기

함께 볼 만한 곳

문경새재도립공원

백두대간의 조령산 마루를 넘는 문경새재는 예로부터 한강과 낙동강 유역을 잇
는 영남대로에서 가장 높고 험한 고개로, 사회 문화 경제의 유통과 국방 요충지
였다. 새재[鳥嶺]는 '새도 날아서 넘기 힘든 고개', '풀(억새)이 우거진 고개', '새
[新]로 된 고개' 등의 뜻이라고 한다.

자연경관이 빼어나고 유서 깊은 유적과 설화 민요 등이 전해지며 임진왜란과 신
립 장군, 동학과 의병 이야기가 골골이 서려 있는 역사의 현장이다.

합천 해인사 법기암

|

부처님 법을
드날리리라!

팔만대장경이 있는 법보종찰 해인사. 해인사 20여 곳 산내 암자 중 법기암에 다녀왔다. 법기암을 알게 되고 촬영까지 하게 된 것은 지중한 인연 덕분이다. 약 15년 전, 나는 해인사 약수암에서 동안거 결제를 했다. 당시 약수암 입승(入繩)은 대훈 스님이셨는데, 스님의 권유로 입승 스님을 보필하는 시자(侍者) 소임을 맡게 됐다. 소임과 공부는 둘이 아니기에 소임에 충실한 것이 공부를 잘하는 것이다. 초발심으로 참선 정진하며 입승 시자 소임을 무탈하게 마칠 수 있었다. 이후 그때를 잊고 살았는데, 최근 약수암에 갔다가 대훈 스님의 소식을 듣게 되어 한걸음에 법기암으로 달려갔다. 15년 만에 만난 스님은 예전 모습 그대로였다. 오랜 세월 동안 불사를 원만히 하시고 제자들을 길러 낸 스님을 뵈니 가슴이 뭉클해지며 감동이 밀려왔다.

부처님 법을 드날린다는 뜻의 법기암(法起庵)은 대훈 스님이 창건한 사찰이다. 해발 810m로 가야산 상왕봉에서 깃대봉과 고불암을 지나 능선을 타고 뚝 떨어지는 곳에 있다. 바람이 많아 '바래미절'이라고도 불린다. 법기암 뒷산은 용틀임하는 듯 보이며 동물 형상을 한 바위들이 많다. 신라 애장왕은 해인사를 지을 때 이곳에 3년간 머물렀는데, 왕을 뵈러 신하들이 자주 드나들게 되면서 동네 이름이 말을 많이 메어 둔다는 뜻의 마장동이 되었다고 한다. 또 말에게 먹일 풀을 쌓아두던 곳은 초막동이라고 한다.

대훈 스님은 선원에서 오랫동안 수행했다. 가야산에 성철 스님이 계실 당시 가슴이 벅차서, 마음속으로 '다음 생에는 해인사 큰 절에 공부하러 와야지.'라는 원력을 세웠다고 한다. 그렇게 세운 원력이 성취된 것인지 해인사 산내 암자를 창건하게 됐다. 선방에 다닐 때는 오히려 간절함이 없었는데, 여기 법기암에 와서 부처님 은혜를 갚아야겠다는 간절함이 생겼다는 스님의 솔직한 말씀이 마음에 와닿았다. 선원에서 한결같은 마음으로 수행하기란 쉽지 않다. 중간중간 나태하고 무기력한 마음이 생기기 마련이다. 내면에서 올라오는 수많은 번뇌와 망상을 이겨 내면서 좌복에 앉아 정진 또 정진한다. 잠시도 가만히 있지 않는 마음의 고삐를 잡아 움직이지 않게 한곳에 묶어 놓는 것, 그것이 바로 화두 참구가 아닐까 생각한다.

법기암에 오르는 구불구불한 길은 그렇게 넓지도 가파르지도 않다. 과연 이곳에 절이 있을까, 하는 생각도 든다. 왠지 절이 있기에는 터가 좁아 보이기 때문이다. 법기암이라고 새겨진 표지석을 지나 조금 더 오르다 보면 거짓말처럼 시야가 확 펼쳐진다. 다른 세계에 온 듯하다. 별로 높지 않은 것 같은데 실제로는 귀가 먹먹해질 정도로 고지대라 눈앞의 풍경이 시원하다. 가슴이 뻥 뚫리고 근심 걱정이 금세 사라질 것만 같다. '내려놓아진다'는 것이 이런 느낌일까? 마음이 편안해진다.

법기암의 전각은 하나로, 법당과 요사채(스님들의 방) 그리고 공양간(부엌)이 모두 한곳에 모여 있다. 수행에만 전념할 수 있도록 대훈 스님이 직접 설계했다. 흔히 소임을 맡으면 거기에 매여 수행할 시간이 없는데, 그런 어려움이 없도록 배려한 스님의 마음이 느껴진다.

법당 안에는 석가모니불이 모셔져 있다. 그 뒤로는 탱화 대신 『금강경』이 새겨져 있다. 법당 옆에는 스님들의 방이, 뒤에는 공양간이 있다. '수류화개(水流花開, 물은 흐르고 꽃은 핀다)'라는 현판이 걸린 공간은 다실이다. 통유리로 되어 있어 이곳에서 바라보는 전망이 가장 아름답다. 다실에서 마신 작설차는 아름다운 풍광과 함께해서 그런지 더 맛과 향이 좋았다.

전각을 구경한 후 밖으로 나가면 자비로운 미소의 약사여래불을 만날 수 있다. 김영찬 조각가의 작품으로, 경주 남산 보리사 부처님의 형태에 석굴암 본존불의 상호를 표현했다. 정교하고 섬세한 조각 하나하나를 정으로 쪼아 새겼다고 하니, 조각가의 마음속 부처님이 돌 밖으로 나투신 것만 같다. 김청수 시인은 '법기암 약사여래불, 그

해발 810m에 자리한 법기암은 바람이 많아 '바래미절'이라고도 불린다.

자비'라는 시에서 "신라 천년의 꿈속에서 누가 정을 쪼아 생(生)을 불
어 넣어 석불로 태어났다지요."라고 노래했다. 약사여래불을 점안하
는 날, 하늘에 무지개가 뜨는 상서로운 일이 있었다고 한다. 모든 중
생의 병고와 액난이 약사여래불의 가피로 씻은 듯 사라지기를 간절
히 기원해 본다. 나무약사여래불.

약사여래불은 약사유리광여래의 약칭으로 대의왕불(大醫王佛)이
라고도 한다. 흔히 약병이나 약그릇을 양손으로 받쳐 든 모습을 하고
있다. '유리광'은 유리처럼 밝게 빛난다는 뜻으로, 모든 사람의 마음
을 밝고 맑은 빛으로 충만하게 한다는 의미가 있다. 약사여래불은 12

자비로운 미소의 법기암 약사여래부처님.

노을 속에 단아한 자태를 드러내는 법기암 삼층석탑.

가지 서원을 하고 수행 정진하여 성불해 동방만월세계의 약사유리
광부처님이 되셨다. 12대 서원은 다음과 같다.

① 광명보조(光明普照): 나와 남의 몸에 광명이 두루 비추고 치성하려
　는 원

② 수의혹변(隨意或辨): 위덕이 높아서 중생을 모두 깨우치려는 원

③ 시무진물(施無盡物): 중생들이 욕망에 만족하여 부족하지 않도록
　하려는 원

④ 안립대승(安立大乘): 일체중생이 대승의 가르침에 들어오게 하려
　는 원

⑤ 구계청정(具戒淸淨): 깨끗한 업을 지어 삼취계(三聚戒)를 구족하게
　하려는 원

⑥ 제근구족(諸根具足): 모든 병고를 구원하려는 원

⑦ 제병안락(際病安樂): 몸과 마음이 안락하여 부처님 세계를 증득하
　게 하려는 원

⑧ 전여득불(轉如得佛): 여성이 불리한 조건으로 성불할 수 없다면 나
　의 이름을 듣고 남성으로 변성하여 성불할 수 있도록 하겠다는 원

⑨ 안립정견(安立正見): 외도의 유혹에 빠지거나 외도의 속임수에 넘
　어가는 자가 있다면 반드시 건져주고, 바른길로 인도하여 부처님
　의 정법에 의지하도록 하겠다는 원

⑩ 제난해탈(濟難解脫): 나쁜 왕이나 강도 등의 고난으로부터 중생을

구제하려는 원

⑪ 포식안락(飽食安樂): 일체중생의 기갈(飢渴)을 면하게 하려는 원

⑫ 미의만족(美衣滿足): 의복이 없는 사람에게 옷을 얻게 하려는 원

　도량 곳곳에서 대훈 스님의 손길을 느낄 수 있다. 푸른 잔디가 깔린 정원은 한번 뒹굴어 보고 싶을 정도다. 잔디뿐 아니라 나무와 꽃들이 있어야 할 자리에 우아하게 자리를 잡고 있다. 그 모습을 감상하느라 시간 가는 줄 모른다. 스님께 연신 꽃과 나무 이름을 물어보며 기억하려 노력했다. 특히 세 가지 색을 볼 수 있는 삼색 조팝나무와 삼색 버드나무가 매력적이고 아름다웠다.

　바위와 소나무도 조화를 이루고 있다. 더 자라지 않는 소나무를 심어 전망을 가리지 않도록 한 스님의 섬세함에 감탄했다. 신도들이 집에 있는 귀한 나무를 절에 가져와 심었다고 하니 그 의미가 더욱 크게 다가왔다.

　한여름이라 땀이 줄줄 흘러내린다. 더위를 피하는 방법을 묻는 제자에게 동산 스님은 "더울 때 더위에 뛰어들어라. 그래서 자신과 더위가 하나가 돼라."고 답하셨다. 살다 보면 추위와 더위, 시련과 고난을 피할 수 없다. 결국 마음가짐이 중요하다. 무슨 일이든 외부의 대상이 되면 그것에 의해 마음이 끌려다니지만, 나와 하나가 된다면 수용할 수 있다. 수용할 수 있게 되면 짜증이 나거나 마음이 괴롭지 않다. 수용은 그런 놀라운 힘을 발휘한다. 힘든 순간이 곧 최고의 순간

이 되기 위해서는 매 순간 깨어 있어야 한다. 깨어 있는 마음은 내 몸과 마음의 상태를 확인할 수 있게 해주기 때문이다. 중생의 고단한 삶을 위로해 주는 자애롭고 따뜻한 법기암 약사여래불의 미소가 오래오래 마음에 남아 있을 것 같다.

'무여 스님 TV'
해인사 법기암 편
바로 보기

사찰 정보

합천 해인사 법기암   경상남도 합천군 가야면 치인4길 296-26
                      055-931-9877

함께 볼 만한 곳

가야산 소리길

홍류동 계곡을 따라 해인사 초입까지 조성된 6km 구간의 탐방로다. 홍류동(紅流洞)은 가을 단풍이 붉어 흐르는 물마저 붉게 보인다 해서 붙여진 이름이다. 청아한 계곡물 소리와 폭포 소리, 산새 소리로 마음을 씻어내기 좋다. 신라 말 고운 최치원 선생이 은둔하며 수도했던 곳이라 전하는 농산정과 더불어 칠성대, 낙화담 등 가야산 19곳 명소 중 16곳을 볼 수 있다.

하동 청계사

물 좋고 공기 좋은 아름다운 산사. 경상남도 하동군 청계사로 향한다. "청, 청정한 불국토 도량으로. 계, 계승한 문화재 도량으로. 사, 사찰 전체를 체험 도량으로." 청계사 주지 지산 스님의 창건 이념이 담긴 삼행시다. 스님은 청계사에서 불국토를 구현하고자 문화재 계승 전각인 대장전을 불사했고, 제다 체험 등을 할 수 있는 템플스테이관을 건립했다.

　특히 하동이 우리나라 차 시배지라는 데 주목해 30년 전부터 차나무를 심어 넓은 차밭을 일구었다. 차의 기원은 중국 신화에 나오는 농업, 의약, 약초의 신인 신농(神農)에서 비롯된다. 신농 황제가 모든 식물의 효능을 알아내기 위해 먹어 보다 독초에 중독되었는데, 문득 찻잎을 먹고 나았다고 한다. 또 달마 대사가 소림굴에서 9년 면벽 수행할 당시 너무 잠이 와서 눈꺼풀을 떼어 뜰에 던졌는데 그 자리에서 차나무가 자랐다는 전설도 전해진다.

불교에서는 차와 선이 한 가지 맛이라는 뜻의 '다선일미(茶禪一味)'라는 말이 있다. 수행할 때 마시는 차 한잔이 몽롱한 정신을 일깨워 주기도 한다. '다반사(茶飯事)'라는 말은 차를 마시고 밥을 먹는 일이 일상적이고 흔한 일이라는 의미가 담겨 있다.

청계사 입구에 세워진 돌탑은 지산 스님의 지극한 정성과 원력을 보여 준다. 스님이 불사를 시작했을 때 주변에 돌이 너무 많아 탑을 쌓기 시작했다. 보통 돌탑 하나를 쌓는 데 한 달 정도 걸리는데, 스님은 하루 만에 정교한 돌탑을 쌓아 사람들을 놀라게 했다. 돌탑 사이로 흐르는 맑은 계곡은 보는 이의 마음을 맑고 시원하게 해준다. 이 맑은 계곡이 청계사(淸溪寺)라는 사찰 이름이 되었다. 한편 산에서는 한결같은 양의 물이 내려오는데 마을 사람 중 이 물을 마시고 한센병을 나은 이가 있어 청계사 이전의 절 이름이 '약수암'이었다고 한다.

맑은 물 한 모금 시원하게 마시고 걷다 보면 청계사에서만 볼 수 있는 새들을 만나게 된다. 지산 스님이 극락세계를 구현하기 위해 기르는 새들이다. 『불설아미타경』에는 다음과 같은 구절이 있다.

그 불국토에는 아름답고 기묘한 여러 빛깔을 가진 백학·공작·앵무새·사리새·가릉빈가·공명조 등의 새가 있어서 밤낮을 가리지 않고 항상 평화롭고 맑은 소리로 노래한다. 그들이 노래하면 오근(五根, 신심·정진·바른 생각·선정·지혜)과 오력(五力, 믿는 힘·정진하는 힘·생각하는 힘·선정의 힘·지혜의 힘), 칠보리분(七菩提分, 수행 시 선악을 가리는 일곱 가지 지혜)과 불교의 수행법인 팔성도분(八聖道分)을 설하는 소리가 흘러나온다. 그래서 극락세계의 중생들이 이 소리를 들으면 모두 부처님을 생각하고 법문을 생각하며 스님들을 생각하게 되느니라.

『불설아미타경』에 나오는 새들은 아미타불이 법을 설하기 위해서 화현(化現)한 것이다. 법음을 전하는 새라고 생각하면 된다. 청계사의 새들이 곧 극락세계의 백학·공작·앵무새·사리새·가릉빈가·공명조라 생각된다. 마음의 번뇌가 없으면 이 세상이 바로 극락이다. 모든 것은 마음에서 비롯되기에 궁전 같은 집에 있어도 마음이 불편하면 그곳은 궁전이 아니고, 감옥에 있어도 마음이 편하면 그곳은 감옥이 아니다. 살다 보면 환경 탓, 남 탓을 하게 되는데 근원적으로 모든 원인은 나에게 있다. 나의 한 생각이 지옥도 만들고 극락도 만든다.

　연못에는 맑은 물에만 산다는 보호종 산천어가 살고 있다. 이 산천어를 황새나 뭇 짐승들로부터 보호하기 위해 그물을 쳐 놓았다. 연못에서 또 하나 눈에 띄는 것은 물레방아를 돌리고 있는 스님 형상의 인형이다. 바로 육조 혜능 대사가 방아를 찧으며 도를 구했던 모습을 묘사한 것이다. 혜능 대사는 오조 홍인 대사의 문하에 들어가, 행자 시절 나무를 쪼개고 방아를 찧다가 문득 깨달음을 얻어 스승에게 인가를 받았다. 연못가에서 혜능 대사의 수행을 떠올려 본다.

청계사 입구에 세워진 돌탑이 지산 스님의 정성과 원력을 보여 준다.

대장전 마당에 그려진 '화엄일승법계도'.
대장전 안에는 지산 스님이 경하 스님에게서 받은 경전이 보관되어 있다.

어디선가 은은한 향기가 난다. 보리수 꽃향기다. 부처님께서 이 나무 아래에서 깨달음을 얻으셨기에 나무 이름이 '보리수(菩提樹)'이고, 열매로는 염주를 만든다. 보리수 향기와 밤꽃 향기가 온 도량에 퍼진다.

꽃향기에 취해 가다 보면 2022년 4월에 낙성식을 마친 대장전에 다다른다. 이곳은『대방광불화엄경소』등의 문화재를 보관하기 위한 전각이다. 주불인 석가모니불의 후불탱화로 보리수가 그려져 있어 인상적이다. 부처님의 상호가 더 부각되는 듯하다. 보리수 좌우에는 문수보살, 보현보살, 관세음보살, 지장보살이 모셔져 있다. 있는 듯 없는 듯 그려져 있으므로 두 눈을 크게 뜨고 찾아야 한다.『대방광불화엄경소』의 의미를 드러내기 위해 '화엄경 변상도'로 신중탱화를 만들었다. 일반적인 사찰에서는 볼 수 없는 독특한 모습이다.

지산 스님이 해동서상율맥의 경하 노스님으로부터 전해 받은『대방광불화엄경소』는 119권 40책의 목판본으로 경상남도 유형문화재로 지정되어 있다. 1557년(명종 11) 문정 대비와 보우 선사가 국난을 막기 위해 승과를 부활하고 그 교재로『대방광불화엄경소』를 황해도 서흥 고덕산 귀진사에서 판각했다. 귀진사판『대방광불화엄경소』는 임진왜란으로 거의 다 소실되었고, 청계사에 유일하게 남아 있다. 하동 청계사『대방광불화엄경소』는 현재 대장전 불단 아래, 도난이나 화재의 위험을 막기 위해 특수 제작된 금고 안에 보관되어 있다. 청계사에는 이 외에도 권수정혜결사문, 몽산화상육도보설, 법화영험

청계사는 제다 체험 등 다양한 프로그램을 운영하고 있다.

전, 정토보서, 현행서방경 등 6점의 경남유형문화재가 있다.

청계사 주변에는 차나무, 편백나무, 대나무 등의 나무와 취나물, 고사리 등의 산나물 그리고 매실, 오미자, 다래 등의 산중 과실이 다양해 여러 체험을 할 수 있다. 그중에서도 작설차를 만드는 과정은 마음을 비우고 집중해야 한다는 점에서 수행과 다르지 않다. 더운 날씨에 땀을 뻘뻘 흘리면서 찻잎을 덖고, 비비고, 말리는 과정을 9번 반복해야 비로소 구증구포의 작설차가 완성된다. 찻잎을 직접 따서 하나하나 정성 들여 고르고 가마솥에 덖고 비비고 말리다 보면 차 한 잔을 마시기까지 얼마나 많은 수고로움이 있었는지 생각해 보게 되고, 감사한 마음으로 차를 마시게 된다.

대장전 마당에는 '화엄일승법계도'가 그려져 있다. 이것은 신라 시대 고승인 의상 스님이 광대무변한 화엄사상의 요지를 210자 게송으로 압축한 도인(圖印)으로 법계도, 해인도라고 부른다. 일체법에 걸림 없는 무애자재, 원융무애의 뜻을 담고 있다. '화엄일승법계도'를 돌며 법성게의 의미를 가슴에 새겨본다.

마침내 실다운 진리의 세계인 중도의 자리 깨달으니, 예부터 변함없는 그 이름 부처로다.

깨닫고 보면 중생이 본래 변함없는 부처라는 오묘한 진리를 설하고 있다. 본래 그 자리에 있지만, 미혹함이 지혜를 가리고 있어 알지 못하고 깨닫지 못한다. 『육조단경』에는 이런 구절이 있다. "범부는 어리석어 자성을 모르기 때문에 제 몸속의 정토를 알지 못하고, 동방이니 서방이니 하면서 찾고 있다. 하지만 깨달은 사람은 어디에 있더라도 마찬가지다. 부처님께서는 '머무는 곳마다 항상 안락하다.'고 말씀하셨다."

힘들고 고단한 상황에 부닥쳐 있더라도 그 상황을 받아들이는 마음이 안락하다면 그곳이 바로 극락세계다. 모든 것은 마음에서 비롯되니 마음이 청정하면 주변이 청정하고 온 세계가 청정해진다.

눈을 감고 새소리, 바람 소리, 물소리를 들으면 마음의 평화와 행복이 저절로 찾아온다. 이 모든 자연의 소리는 깨달음의 소리, 진리의 소리다. 청계사에서 마음의 휴식과 여유를 찾아보길 권한다.

사찰 정보

하동 청계사   경상남도 하동군 옥종면 안계길 67-182
055-882-1013

함께 볼 만한 곳

하동 차 시배지

828년(신라 흥덕왕 3) 당나라 사신으로 갔던 대렴공이 차 씨를 가져와 왕명으로
처음 심은 곳이다. 우리나라 차 시배지로 지정되어 기념석과 대렴공 차 시배 추
원비, 진감 선사 차 시배 추앙비, 고산 선사 음다송 조형물 등이 세워져 있다. 인
근에는 우리나라에서 가장 오래된 차나무가 있다.

제주 약천사

|
이국적 매력의
부처님 도량

설레는 마음으로 공항으로 향한다. 비행기를 타고 바다를 건너 청정 지역 아름다운 섬, 제주도로 향한다. 제주도 서귀포(西歸浦)라는 지명에는 아미타불이 계시는 서방정토 극락세계로 돌아가고자 하는 염원이 담겨 있다. 그리고 이곳 서귀포에는 약천사가 있다.

약천사의 정확한 창건 기록은 남아 있지 않지만, 통일신라 시대 한라산 중턱에 법화사라는 큰 사찰이 있었기에 인근에 부속 암자가 산재했을 것으로 추정된다. 약천사가 자리한 곳은 마르지 않는 약수가 샘솟는 곳으로, 약천사 창건 이전에 약수암이라는 작은 암자가 있었다고 전한다. 또 일제강점기 당시 항일운동을 펼치다 옥고를 치른 방동화 스님이 출소 후 몸조리를 위해 머문 곳이 중문의 약수암이라는 기록도 있다.

약천사 불사는 1981년 혜인 스님(1943~2016)이 450평 남짓한 절 터에 18평짜리 제주 전통 초가를 짓는 것으로 시작됐다. 한 사람의 간절한 원력이 오늘날 엄청난 규모의 약천사를 일궈 냈다. 한 방울의 물이 계속 떨어지면 바위도 뚫을 수 있듯, 군건한 신념과 의지 그리고 열정만 있다면 원력을 이룰 수 있음을 몸소 보여 주신 셈이다. 눈 앞에 펼쳐진 약천사는 마치 거대한 불국토 같았다.

사찰 입구에는 쭉쭉 뻗은 야자수와 제주도의 상징인 돌하르방이 서 있다. 제주도에 왔음을 다시 한 번 실감한다. 아름다운 연못과 폭 포 소리를 감상하며 걷다 보면 먼저 오백나한전에 다다른다. 오백나 한님이 사이좋게 앉아 계신데, 한 분 한 분이 각기 다른 모습이다. 태 연하게 등을 긁는 나한, 책을 들고 있는 나한, 항아리를 들고 있는 나 한, 염주 또는 보탑을 들고 있는 나한, 화려하고 아름다운 옷을 걸치 고 웃고 있는 나한, 눈을 크게 부릅뜬 나한…. 각기 다른 나한님을 보 는 것이 흥미로웠다. 한 분 한 분 오랫동안 살펴보다 보니 그 표정과 모습에서 희로애락 속에서 살아가는 우리 모습이 엿보였다.

동양 최대 규모인 대적광전으로 향한다. 높이가 무려 30m나 된 다. 구례 화엄사 각황전의 웅장한 구도를 기본으로, 금산사 미륵전의 3층 구조를 응용해 설계했다고 한다. 대적광전 안으로 들어가 보니 주불인 비로자나불이 모셔져 있다. 백두산에서 가져온 목재로 조성 되었는데 높이가 4.5m에 달하는, 한국에서 가장 큰 목불이다. 광배 에는 53분의 작은 부처님이 모셔져 있다. 『화엄경』「입법계품」에서

쭉쭉 뻗은 야자수와 돌하르방이 제주임을 느끼게 해주는 약천사.

오백나한전에 모셔진 나한.
최신 공법으로 조성된 약천사 굴법당은 천연동굴과 매우 흡사하다.

선재 동자가 법을 구하러 떠난 길에서 만난 53분의 선지식을 표현한 것이다. 선재 동자가 선지식을 만나 예를 올리고 법문을 듣는 모습을 상상한다. 만나는 인연마다 배우고 본받을 점이 있기에 그분들이 선지식이다.

좌보처 약사여래불은 약천사의 명칭과 관련이 깊다. 약천사에는 예로부터 약수가 흐르는 샘물이 있었는데, 이 물을 마시고 사람들의 병이 나았다고 한다. 그래서 약사여래불의 위신력으로 질병을 치료하고 건강하기를 바라는 서원이 담겨 있다. 좌우에는 문수보살, 보현보살이 있다.

우보처 아미타불은 극락세계에 계신 부처님이다. 서방정토 극락세계에 왕생하고자 하는 바람이 이뤄지길 바라는 서원을 담고 있다. 약천사를 창건한 혜인 스님은 불사를 원만히 성취하고 모든 중생을 구원해 극락정토를 이루겠다는 원력으로 아미타불을 모셨다고 한다. 좌우에는 관세음보살, 대세지보살이 있다.

법당의 네 기둥에는 청룡과 황룡이 여의주를 부처님께 공양 올리는 모습이 표현되어 있다. 약천사가 완성되기까지 국내외의 많은 불자들이 아낌없이 보시한 공덕을 찬탄하기 위한 것이다.

약천사 부처님이 수(垂)하고 계신 가사는 금란가사다. 가사는 스님들이 왼쪽 어깨에 걸쳐 입는 법의를 말한다. 경전에는 금색 실로 짜서 만든 금란가사를 시주받아 그것을 미륵존자에게 주었다는 기록과 부처님이 성도 후에 복개천자가 바치는 금란가사를 입었다는 기록이 있다. 때문에 부처님께서 수하시는 가사를 금란가사로 조성한 것이다.

닫집은 우리나라 법당의 큰 특징 가운데 하나인데 전통에 맞게 만들어서 부처님을 장엄했다. 신중탱화도 입체적으로 조각되어 있다. 가운데 동진보살과 사찰을 지켜주는 신중님들이 보인다. 부처님 뒤에는 관세음보살이 모셔진 관음전이 있다. 관세음보살과 선재 동자가 벽화에 그려져 있다. 특히 빛이 나는 관세음보살의 상호는 원만하고 아름다워서 눈을 뗄 수 없다.

이제 법당을 다 둘러보고 2층으로 올라간다. 2층에는 8만 불보살이 있다. 여기 모셔진 부처님은 불사에 동참한 불자들의 서원을 담은 원불(願佛)이다. 이분들의 마음이 모여 이렇게 엄청난 대작 불사를 이룬 것이다. 한 분 한 분께 진심으로 감사한 마음으로 합장하고, 동참자들의 소원이 모두 원만 성취되길 기도한다.

창건주 혜인 스님 진영에도 참배한다. 스님은 어릴 적 일타 스님을 은사로 출가했다. 스님은 하루 5,000배의 절을 하고 항상 관세음보살을 염불하셨다. 1971년 해인사 장경각에서 108만 배 기도를 성취한 후 1996년 약천사를 창건했는데 불사하게 된 것도 모두 관세음보살의 가피라고 말씀하셨다. 나무관세음보살.

이제 3층으로 향한다. 4개의 윤장대가 있는 이곳에는 불자들의 인등(引燈)이 빛을 밝히고 있다. 윤장대 안에는 팔만대장경이 모셔져 있다. 1층에서는 부처님 좌대가 너무 높아 바로 보기 힘들었는데 3층

대적광전에서 바라본 서귀포 바다.

에서 보니 그 웅장함을 더욱 잘 느낄 수 있다.

신심과 환희심으로 대적광전을 참배한 후 밖으로 나왔다. 서귀포 앞바다가 저 멀리 보이고, 미세먼지 하나 없는 맑고 청정한 바람이 불어온다. 산책하듯 향한 곳은 굴법당이다. 약천사에서 가장 높은 곳에 있는 굴법당은 최신 공법으로 조성돼 천연동굴과 무척 흡사한 모습이다. 이곳에서 혜인 스님은 약천사 불사의 원만 성취를 기원하며 정성껏 기도했다고 한다. 얼마나 간절한 마음이었을까? 지극한 마음이 하늘을 감동케 하고 부처님께 닿았으리라. 굴법당의 주불은 약사여래불이다. 좌보처에는 백의관음, 우보처에는 지장보살이 있다. 불단 우측에는 부동명왕이 모셔져 있는데, 약천사의 모든 재앙을 물리쳐 주기를 바라는 마음으로 모셨다고 한다.

굴법당 앞에는 약천수가 있다. 이 약천수가 사계절 내내 마르지 않고 사람들의 병을 낫게 해주었다는 신비한 물이다. 몸이 병든 것도 괴롭고 힘들지만, 마음이 병든 것도 마찬가지로 괴롭다. 마음의 병은 어떻게 치유할 수 있을까? 마음이 괴로운 것은 실체가 없다. 스스로 자신의 요동치는 마음을 들여다볼 수 있어야 마음의 본성을 볼 수 있고, 그래야 치유할 수 있다. 원인이 무엇인지 스스로 살펴보고 그 원인을 제거해야 마음이 편안해진다. 약천수의 위력이 몸의 병뿐만 아니라 마음이 병까지 다 낫게 해주길 바라 본다. 몸과 마음 모두 괴로움과 슬픔에서 벗어나 평화롭고 행복하기를.

눈앞에는 에메랄드빛 서귀포 바다가 펼쳐지고, 뒤로는 한라산이 우뚝 자리한 약천사는 이국적인 매력으로 다가왔다. 약천사를 찾는 사람들의 마음속에 한줄기 부처님의 자비광명이 비추기를 서원해 본다.

'무여 스님 TV'
약천사 편
바로 보기

사찰 정보

제주 약천사	제주도 서귀포시 대포동 1165번지
	064-738-5000
	템플스테이 운영

함께 볼 만한 곳

제주 올레길 8코스

월평아왜낭목쉼터에서 출발해 약천사와 주상절리관광안내소, 베릿내오름, 논 짓물을 거쳐 대평포구에 이르는 19.6km에 이르는 올레길이다. 바닷길을 따라 걷다 보면 바다에 밀려 내려온 용암이 굳으면서 절경을 빚은 주상절리와 사계 절 다른 꽃을 피우는 예래생태공원을 만날 수 있다. 종점인 대평리는 바다가 멀리 뻗어 나간 넓은 들(드르)이라 하여 '난드르'라고 불리는 마을이다.

가
을

정읍 내장사

|

보물을
품고 있는
절

가을 단풍이 아름답다고 소문난 내장사. 예전부터 마음에 담고 있었던 곳을 드디어 단풍 곱게 물든 계절에 찾게 됐다. 설렘 가득 안고 내장사로 향하는 발걸음은 가벼웠다. 그런데! 사찰에 가까워질수록 예사롭지 않은 느낌이 들었다. 내장산 초입부터 수많은 인파가 보이기 시작하더니, 버스와 차량으로 도로가 너무 혼잡해 경찰들이 교통 안내까지 하고 있었다. 사람이 길을 다 막고 있어 차량 진입조차 쉽지 않았다. 다행히 승려라는 특권(?)으로 내장사에 들어갈 수 있었다. 주차장에서부터 걸어 올라가는 사람들에게는 미안한 마음 가득했다.

무사히 내장사에 도착했지만 촬영은 금세 난관에 부딪혔다. 경내에도 사람이 너무 많았기 때문이다. 솔직히 단풍보다 사람을 더 많이 본 것 같다. 내장산은 호남 5대 명산 중 하나로 손꼽히는 아름다운 산이다. 특히 다른 곳보다 단풍나무가 많아 가을에 무척 아름답다. 입구에서부터 단풍나무 숲길을 따라 걸어가면 그 길에서 어떤 깨달음을 얻을 수 있을 것만 같다. 출세간의 길이 이렇게 맑고 곱지 않을까, 라는 생각도 든다.

내장사는 백제 시대인 636년 영은 조사가 백제인의 신앙적 원찰로 창건했으며 '영은사'라 이름했다. 당시에는 규모가 50여 동이나 되는 대가람이었다고 한다. 1557년(명종 12) 희묵 대사가 법당과 요사채를 건립하고, 무궁무진한 보물이 숨어 있다 하여 절 이름을 '내장사'로 바꾸었다. 이후 1923년 백학명 선사가 사세를 중흥하고 내장사의 면모를 일신했다. 한국전쟁으로 소실되었으나 다시 복원해 현재에 이르고 있다.

일주문에 다다랐다. 일주문을 지나는 것은 온갖 번뇌와 망상, 집착에서 벗어나 깨달음의 일념으로 들어선다는 것을 의미한다. 일주문에 새겨진 '입차문래 막존지해(入此文來 莫存知解)'라는 구절은 '이 문안에 들어서면 밖에서의 알음알이에 의한 분별심에 의지하지 말라'는 뜻이다. 보통 산문 앞에 많이 적혀 있는데, 알음알이 즉 온갖 분별과 망상을 다 내려놓고 산문에 들어서라는 의미가 담겨 있다. 온갖 분별, 집착, 망상, 번뇌 때문에 괴로움이 생긴다. 그런 마음을 내려놓는 것이 바로 도(道)다. 분별과 망상을 잠시 내려놓고 바깥으로 향하는 마음을 안으로 돌린다. 내면의 소리에 귀를 기울이며 사찰을 참배한다. 내장사 일주문의 편액과 주련은 강암 송성용(1913~1999) 선생의 글씨다.

역천겁이불고(歷千劫而不古)

궁만세이장금(亘萬歲而長今)

천겁의 과거도 옛일이 아니며

만세의 미래도 늘 지금이라.

－『금강경오가해설의』서문에 있는 함허당 득통 대사의 글

보이는 구절구절마다 법을 설하고 있으니, 마음으로 법문을 들어보면 어떨까? 좀 더 들어가면 부처님의 진신사리를 모신 삼층석탑이 보인다. 천왕문은 불법을 외호하는 호법신인 사천왕이 있는 문이다. 불교에서는 인과응보를 많이 이야기한다. 콩 심은 데 콩 나고 팥 심은 데 팥 나듯, 선한 일을 하면 즐거움의 과보(果報)를 받고 악한 일을 하면 괴로움의 과보를 받는다. 사천왕은 인간의 선악을 관찰해 악한 사람에게는 벌을 주고 착한 사람에게는 복을 준다. 또 문지기로서 사찰을 보호하는 역할도 맡고 있다.

천왕문을 지나 정혜루로 향한다. 정(定)은 선정이니 마음을 한곳에 머물게 하는 것이고, 혜(慧)는 바른 지혜를 일으켜 내면을 밝게 관조하는 것을 의미한다. 마음을 한곳에 모으고 밝게 관조하는 것이 바로 명상이고 참선이다. 이곳에는 사물(四物)이 있는데 범종, 법고, 목어, 운판이 그것이다. 범종을 울려 지옥 중생을 구제하고, 법고를 쳐서 축

해마다 가을이면 많은 사람이 단풍을 보기 위해 내장사를 찾는다.

정혜루의 전면 주련은 탄허 스님의 글씨다.
내장사 대웅보전은 2021년 화재로 전소됐다.
사진은 2019년 촬영한 대웅보전의 모습.

생을 제도하고, 목어를 두드려 물속 중생을 제도하고, 운판을 쳐서 허공의 중생을 구제한다. 사물의 소리를 듣는 모든 중생이 번뇌에서 벗어나 깨달음을 얻게 하고자 하는 염원이 담겨 있다. 정혜루의 전면 글씨는 탄허 스님(1913~1983)의 글씨다. 전면 주련은 다음과 같다.

원각산중생일수(圓覺山中生一樹)

개화천지미분전(開花天地未分前)

비청비백역비흑(非靑非白亦非黑)

부재춘풍부재천(不在春風不在天)

원각산 중에 한 그루의 나무가 자라나니

하늘과 땅이 생겨 나뉘기도 전에 활짝 꽃을 피웠네.

푸르지도 희지도 않고 또한 검지도 않으나

봄바람에도 하늘에도 있지 않다네.

정혜루 후면 글씨는 월담 권영도(1915~2004) 선생의 글씨다. 후면 주련은 다음과 같다.

산당정야좌무언(山堂靜夜坐無言)

적적요요본자연(寂寂寥寥本自然)

하사서풍동임야(何事西風動林野)

일성한안누장천(一聲寒雁淚長天)

산집의 고요한 밤에 말없이 앉았으니

적적하고 고요함은 본래 자연이구나.

무슨 일로 서풍은 숲과 들을 흔들며

기러기는 차가운 장천을 울며 날아가는가?

둘 다 장엄 염불의 일부인데 함허당 득통 대사가 지은 『금강경오가해설의』에 실려 있는 야보도천 선사의 글이다. 장엄 염불은 보통 새벽에 도량석 후 쇠를 칠 때나 재가 있을 때 영단에 염불하는 구절이다.

극락전은 아미타불을 모신 전각이다. 아미타불이 계신 곳이 극락 세계이기 때문에 전각 이름이 극락전이다. 아미타불은 무량한 수명을 가지고 계시다고 하여 무량수불이라고도 하고, 한량없는 빛을 가지고 있다고 하여 무량광불이라고도 한다.

지난 2012년 10월 화재로 전소됐던 내장사 대웅보전은 2015년 복원됐다. 석가모니불을 주불로 모시고 왼쪽에는 약사여래불, 오른쪽에는 아미타불을 모시고 있다. 그런데 안타깝게도 2021년 3월 내장사에 또다시 화재가 발생해 대웅보전이 전소됐다. 지금은 그 자리에 임시 법당이 마련되어 천일기도를 하고 있다. 기도와 원력으로 대웅보전이 예전 모습으로 복원될 수 있기를 간절히 바라 본다.

관음전 내부에는 동종(전라북도 유형문화재)이 있다. 높이 80cm의 청동으로 만든 이 종은 전라남도 보림사에서 옮겨왔다. 크기는 작지

부처님 진신사리를 모신 내장사 삼층석탑.

만 조선 후기 범종의 특징이 잘 나타나 있다. 종 몸체의 제일 윗부분과 맨 아랫부분에는 덩굴무늬가 배열되어 있고, 몸체 상단부에는 인도 글자를 양각하고 이중으로 테를 두른 24개의 둥근 원이 있다. 그 아래에는 사각형 무늬와 서 있는 보살상 그리고 이 종에 관련된 기록 등이 양각되어 있다.

단풍을 보고 있으면 햇빛에 반짝이는 찬란한 보석 같다는 생각도 들고, 한편으로는 이 아름다움은 무상(無常)하다는 진리를 설하고 있는 것 같기도 하다. 어떤 사람은 낙엽을 보며 사라지는 것에 대한 아쉬움과 슬픔을 아련히 느낄 것이다. 같은 단풍이지만 보는 사람들의 마음에 따라 다르게 와닿는다.

나 역시 내장사 단풍은 여느 단풍과는 다르게 마음속에 저장되었다. 가을만 되면 이곳에 수많은 인파가 몰려드는 이유도 알 것만 같다. 단풍이 절정일 때만 잠시 볼 수 있으니, 이때를 놓치면 다시 1년을 기다려야 하기 때문이다. 앞으로 내장사는 부처님보다 단풍이 먼저 떠오를 듯하다. 가을이 절정일 때, 단풍 구경하러 내장사에 가보시길. 단풍보다 사람이 더 많을 수도 있지만, 그것 역시 추억으로 남지 않을까?

'무여 스님 TV'
내장사 편
바로 보기

정읍 내장사 전라북도 정읍시 내장산로 1253
063-538-8741

함께 볼 만한 곳

황토현전적지

1894년 전봉준이 이끄는 동학 농민군이 최초로 관군과의 전투에서 승리를 거
둔 역사적인 장소다. 1981년 12월 사적 제295호로 지정됐다. 1987년 친일 작
가가 만든 전봉준 장군 동상이 철거된 자리에 2022년 국민 성금 등을 통해 조
성된 새 조형물 '불멸, 바람길'이 세워졌다.

장성 백양사

|

아기단풍이 반기는
호남 불교의 중심

단풍의 계절 가을. 천년고찰 백양사로 떠난다. 백양사는 아기단풍으로 유명한데, 이름만 들어도 아기 손같이 작고 귀여운 단풍잎이 떠오른다. 가을 백양사는 처음이라 기대 반, 설렘 반으로 길을 나섰다.

백양사는 632년(백제 무왕 33) 여환 선사가 창건했다고 전해지는 사찰로, 본래 이름은 백암사(白巖寺)였다. 조선 선조 때 환양 선사가 영천암에서 『금강경』을 설법하는데 사람이 구름처럼 몰려들었다. 법회 3일째 되던 날, 흰 양이 내려와 스님의 설법을 들었는데 7일간의 법회가 끝난 밤 스님의 꿈에 흰 양이 나타나 "나는 천상에서 죄를 짓고 양으로 변했는데 이제 스님의 설법을 듣고 다시 환생하여 천국으로 가게 되었다."라고 말하며 절을 했다. 이튿날 영천암 아래에 흰 양이 죽어 있었고, 이후 절 이름을 백양사로 고쳐 지었다고 한다.

예로부터 흰색 털을 지닌 동물이 태어나면 상서롭다고 여겼다. 흰 호랑이, 흰 사슴, 흰 말, 흰 뱀 등이 그렇다. 석가모니 부처님의 어머니인 마야 왕비의 태몽에도 흰 코끼리가 등장하지 않는가? 그런 의미에서 흰 양도 상서로운 동물이 아닌가 생각해 본다.

사찰 초입에 부처님 고행상이 세워져 있다. 얼마나 철저한 고행을 했으면 이런 모습이실까? 부처님께서는 안 드시고, 안 주무시고, 호흡을 참는 등 그 누구도 흉내 내기 어려운 고행을 6년 동안 하셨다. 고행으로 욕망 가득한 육신을 조복(調伏)하고자 했다. 오직 위없는 깨달음을 향한 구도심만 보인다. 눈빛은 모든 것을 꿰뚫어 보는 듯 맑고 총명하면서도 지극히 고요하다.

고행상을 지나면 백양사 연못에 비치는 수많은 단풍을 볼 수 있다. 물 위를 유유히 헤엄치는 청둥오리도 귀엽기만 하다. 왜 수많은 사람이 가을이면 백양사를 찾는지 알 것 같다. 이른 시간인데도 이미 많은 관람객이 아름다운 풍경을 카메라에 담기 위해 연신 셔터를 누르고 있다. 나도 가만히 보고만 있을 수 없었다. 곱게 물든 단풍은 내 마음도 설렘으로 곱게 물들인다.

예로부터 '봄에는 백양, 가을에는 내장'이라는 말이 있을 정도로 봄에는 백양사의 신록, 가을에는 내장사의 단풍을 최고로 꼽았다. 백양사에는 갈참나무, 단풍나무, 비자나무 등의 많은 나무가 있다. 곧 최고의 경치를 감상할 수 있는 쌍계루가 보인다. 물에 비친 누각의

백양사 연못에 비치는 단풍이 아름답다.

최고의 경치를 감상할 수 있는 백양사 쌍계루.
만세루 앞에는 백양사 창건 설화에 등장하는 흰 양이 있다.

모습이 환상적이다. 황홀한 풍광이다. 쌍계루의 기문(記文)을 지은 고려 말의 대학자 목은 이색은 "두 시냇물이 합류하는 지점에 누각이 있어, 누각의 그림자와 물빛이 서로 비추니 참으로 좋은 경치."라고 찬탄했다. 고려 말 불사이군(不事二君)의 충절로 알려진 포은 정몽주는 '쌍계루에 부쳐(寄題 雙溪樓)'라는 시제로 시를 지었다. 포은의 시를 감상해 보자.

시를 청하는 백암사 스님을 만나고 나서
붓을 들어 생각에 잠기니 재주 없음이 부끄럽네.
노을빛 아득하게 저무는 산이 붉고
달빛이 배회하는 가을 물이 정말 맑구나.
-정몽주 '쌍계루에 부쳐'

글이나 말로 이 풍광을 설명할 수 없음이 안타깝다. 쌍계루 맞은편에서는 사진작가들의 치열한 자리 경쟁이 벌어지고 있다. 나도 사람들 틈에서 열심히 사진을 촬영했다.

쌍계루를 지나 '이뭣고' 글씨 앞에서 멈춘다. 나도 송담 큰스님에게 '이뭣고' 화두를 받고 수행하고 있으니 더 반가운 마음이 든다. '이뭣고'는 경상도 말로 '이것이 무엇이냐'는 뜻으로, 스님들이 참구하는 화두 중 하나다. 간화선은 1,700여 가지의 화두 가운데 하나를 큰스님으로부터 받아 참구하는 수행법이다. "이 몸을 움직이게 하는 참된 주인공은 누구인가?" 하면서 '이뭣고'를 참구한다.

사찰의 수호신이 있는 사천왕문을 지난다. 백양사 사천왕문은 1917년 만암 스님이 창건하고 1945년 복원하였으며 봉황문이라고 도 한다. 사천왕상은 얼굴 색깔과 들고 있는 지물에 따라 구분된다. 동방 지국천왕은 푸른색 몸에 비파를 들고 있으며, 남방 증장천왕은 붉은색 몸에 보검을 쥐고 있다. 서방 광목천왕의 몸은 분홍색이고 오른손에는 용을, 왼손에는 여의주를 쥐고 있다. 북방 다문천왕의 몸은 회색이고 오른손에는 삼지창을, 왼손에는 탑을 들고 있다.

사천왕문을 지나면 백양사를 상징하는 흰 양이 보인다. 옆에는 보리수가 서 있다. 부처님이 보리수 아래에서 깨달음을 증득하셨기에 불자들에게는 특별한 의미가 있는 나무다. 보리수 열매로는 염주를 만들어 늘 지니고 다닌다.

백양사의 중심 전각은 대웅전이다. 1917년 만암 스님이 중건한 전각으로 석가모니불을 본존으로 좌우에 문수보살, 보현보살이 모셔져 있다. 상호가 무척 아름답다. 문수보살은 지혜의 상징이고, 보현보살은 행원과 자비의 상징이다. 부처님의 깨달음은 무한한 지혜와 자비를 구족(具足)하고 있음을 뜻한다. 그래서 부처님을 보면 마음이 편안해지고 무슨 소원이든 들어주실 것 같다. 인자한 모습으로 늘 그 자리를 지키고 계신 부처님 앞에서 힘들고 지칠 때 하염없이 눈물을 흘린다. 그러고 나면 마음이 한결 가벼워지고 무거웠던 짐을 내려놓게 된다.

진영각에는 만암 스님과 서옹 스님을 비롯한
역대 고승들의 진영이 모셔져 있다.

극락보전은 백양사에서 가장 오래된 전각이다. 법당에 모셔진 목조아미타여래좌상의 얼굴은 사각형이며 이마에 흰 털인 백호(白毫)가 있고 이목구비가 뚜렷하다. 목에 세 개의 주름, 삼도(三道)가 보이며 어깨 부위와 확연히 구분되는 것이 눈에 띈다. 수인은 두 손 모두 엄지와 중지를 맞잡고 있는 하품중생인(下品中生印)을 결하고 있다.

진영각에는 만암 스님과 서옹 스님을 비롯한 역대 고승들의 진영이 모셔져 있다. 백양사에는 서옹 대종사의 임제 가풍이 흐르고 있다. 바로 '수처작주 입처개진(隨處作主 立處皆眞)'이다. '머무는 곳마다 주인공이 돼라. 서 있는 그곳이 진리의 자리'라는 뜻이다. 집에서뿐만 아니라 회사나 학교, 사찰 어느 곳에서든 마음을 잘 살피고 주인의식을 가지고 살아간다면 공공의 물건도 나의 물건처럼 아끼고 소중히 여기는 마음이 생길 것이다. 순간순간 머물러 있는 그곳에서 주인공의 마음을 늘 관(觀)하고 우뚝하게 선다면 어떤 상황에서도 흔들리지 않는다.

불교에서는 '무정설법(無情說法)'이라는 말이 있다. 사람이 아닌 무정물이 설법한다는 말이다. 시냇물 흐르는 소리, 바람 소리, 새소리도 마음을 비우고 들으면 법문 아님이 없다. 우리에게 무상함을 깨우치게 하는 법문이다. 마음이 닫혀 있고 괴로우면 법문이 들리지 않겠지만, 마음의 문을 활짝 열고 늘 깨어 있다면 무정물의 법문을 듣고 깨달음을 향해 나아갈 수 있다.

백양사 가을은 한 폭의 그림과 같아 큰 선물을 받고 가는 것 같다.

귀엽고 앙증맞은 아기단풍과 해탈한 흰 양의 이야기를 가슴에 품고 일상으로 돌아간다.

'무여 스님 TV'
백양사 편
바로 보기

함께 볼 만한 곳

장성호

장성호는 1976년 영산강 유역 종합개발계획의 일환으로 농업용수를 공급하기 위한 장성댐이 완공되면서 생긴 호수다. 둘레가 약 30km에 달해 '내륙의 바다'로 불리기도 한다. 호수 둘레길을 따라 데크가 설치되어 있고 전망대와 북상면 수몰문화관, 임권택시네마테크, 문화예술공원 등의 시설을 갖추고 있다.

예산 향천사

|
맑고 고운 향기로
법음을 전하는
사찰

'가을' 하면 무엇이 떠오를까? 높고 청량한 하늘과 시원한 바람, 노란 은행나무, 새빨간 단풍, 한들한들 코스모스 등이 연상된다. 무더운 여름을 지나서인지 가을바람은 더 반갑고 시원하게 느껴진다. 마치 오랜만에 벗을 만난 기분이라고나 할까? 청량한 바람이 흐릿한 정신을 바짝 일깨운다.

예산 향천사는 단풍 명소로 유명하다. 가을의 초입, 단풍 구경도 할 겸 길을 나섰다. 초행길이지만 발걸음은 가볍다. 향천사는 655년 (백제 의자왕 15)에 의각 스님이 창건했다고 전해진다. 의각 스님은 일본으로 건너가 백제사에 잠시 머물렀는데, 키가 8척에 이를 정도로 기골이 장대했고 눈빛은 형형했다. 매일 밤 『반야심경』을 읊었는데 그때마다 오색 빛이 스님의 몸을 감싸자 일본인들이 극진히 모셨다.

향천사는 백제 655년에 의각 스님이 창건했다고 전해진다.
천불선원 가는 길에 만난 단풍나무.

천불전에는 각기 다른 표정의 불상 1,515기가 모셔져 있다.

이후 스님은 당나라에 가서 오자산에 3년 동안 머물며 3,053기의 석불과 아미타불·관세음보살·대세지보살·16나한상을 조성했고 655년 사신을 따라 귀국했다. 이때 불상을 돌배에 싣고 백제 오산현 북포 해안에 이르렀으나 알맞은 절터를 잡지 못해 몇 달을 머물렀다. 스님은 불상을 모시기 위해 배 안에서 아침저녁으로 종을 치며 예불을 올렸는데 이때의 종소리 때문에 '신암면 종경리'라는 오늘날의 지명이 생겨났다고 한다.

어느 날 의각 스님이 예불을 올리던 중 금 까마귀 한 쌍이 날아와 주위를 빙빙 돌았다. 이를 상서롭게 여긴 스님은 금 까마귀를 쫓아갔는데, 스님을 오산현의 남산으로 이끈 금 까마귀 암수는 홀연히 사라졌다. 스님이 이곳에 사찰을 짓고 불상을 봉안하고 나니 또다시 금 까마귀가 나타나 아랫마을의 작은 샘에서 물을 마시고는 사라졌다. 신비한 새가 반복해 출몰하니 호기심이 난 사람들은 새가 물을 마신 샘을 찾아갔다. 샘에서는 향기가 풍겨 나왔기에 절 이름을 금오산 향천사(金烏山 香泉寺)로 지었다고 전해진다.

세상의 모든 향기 가운데 으뜸은 무엇일까? 값비싼 향수일까? 아니면 자연의 향기일까? 으뜸은 아름다운 마음에서 우러나온 향기다. 부처님께서는 훌륭한 향기 세 가지가 있는데 첫째는 지계의 향기고, 둘째는 배움의 향기이고, 셋째는 보시의 향기라고 하셨다. 계를 지키는 마음은 맑고 청정하기가 으뜸이고, 게으르지 않고 부지런히 수행 정진하는 배움의 향기와 따뜻한 마음으로 베풀기를 쉬지 않는 보시의 향기는 무엇과도 비교할 수 없을 것이다. 그런 향기가 온 세상에 퍼진다면 우리가 사는 이 세상이 고통으로 가득한 사바세계가 아닌, 행복으로 가득한 극락세계로 바뀌지 않을까 생각해 본다.

향천사에서 그런 향기를 맡을 수 있길 바라며 향설루를 지나 극락전으로 향한다. 극락전에는 아미타삼존불이 봉안되어 있는데, 2016년 아미타삼존불의 얼굴과 불신에 생긴 균열을 조사하는 과정에서 본존 바닥면의 묵서를 발견해 제작자(신원·운혜 스님 등 7명)와 제작 연대(1659년)가 밝혀졌다. 불상 제작을 주도했을 것으로 보이는 운혜 스님은 17세기 중반을 대표하는 조각승이다. 이 불상은 17세기 중반 불교 조각의 일면을 보여주는 한편, 운혜 스님이 만든 불상의 양식적 특징과 변천 과정을 확인할 수 있는 중요한 사료다.

천불선원 가는 길, 장독대 옆에서 곱게 물든 단풍나무를 보았다. 황홀 그 자체다. 이제까지 이렇게 정열적으로 빨간 단풍나무는 본 적이 없다. 왜 향천사 단풍이 유명한지 알 것 같다. 단풍나무 앞에서 한참을 머물렀다.

단풍나무를 지나 산책하듯 가볍게 오르면 천불선원이 나온다. 선원 안으로 들어가면 천불전이 있다. 천불전은 조선 시대 건축물로 정면 4칸, 측면 3칸 규모다. 정면에는 모두 여닫이문을 달았고 주춧돌은 잘 다듬지 않은 자연석을 사용했다. 법당 안에는 1,515기의 불상이 모셔져 있다. 작은 불상은 거의 석고상이고 큰 불상은 석재로 만든 것도 있다. 이 불상의 특징은 각기 다른 표정, 다른 모습을 하고 있다는 점이다. 사람마다 모습과 표정이 다르듯 불상도 마찬가지다. 본래 우리 마음은 부처님의 마음과 다름이 없다. 다만 미혹하여 부처님의 마음과 같지 못한 중생으로 살아가고 있지 않은가?

『법화경』에는 상불경보살에 대한 이야기가 나온다. 상불경보살은 어떤 사람을 만나든지 그들에게 예배하고 찬탄하면서 "나는 여러분을 깊이 존경하여 감히 가벼이 여기거나 업신여기지 않겠습니다. 왜냐하면 여러분은 다 보살도를 행하여 성불할 것이기 때문입니다."라고 말했다. 사람에게는 누구나 부처님과 같은 무량한 공덕이 있음을 믿고 실천한 것이다. 상불경보살은 사람들에게 욕설을 듣고 매를 맞으면서도 끊임없이 만나는 사람을 예배하고 공경한 공덕으로 마침내 깨달음을 이루었다. 인욕의 갑옷을 입고, 참기 어려운 일을 능히 참으면 부처님과 같은 공경을 받게 될 것이다. 수행의 과정 중에서 인욕을 실천하기가 가장 힘들다. 하지만 인욕과 하심은 수행의 시작이자 마지막이다. 인욕을 잘하면 번민과 후회가 적다. 한순간을 참지 못해 번죄를 저지르기도 하니, 인욕이 우리를 지키는 커다란 힘이 된다는 것을 믿고 다시 한번 심호흡을 해보면 어떨까?

천불전을 참배하고 나와서 조금 더 가다 보면 두 기의 부도를 만날 수 있다. 백제 말 향천사를 창건한 의각 스님의 사리와 임진왜란 당시 승병을 모아 금산전투에 참여했던 멸운 스님의 사리를 모신 부도다. 왼쪽 부도는 바닥돌 위로 세 부분으로 이루어진 기단을 쌓고 둥그스름한 몸돌을 올린 후 지붕돌을 얹은 구조다. 오른쪽 부도는 바

의각 스님과 멸운 스님의 사리를 모신 부도.

닥돌 위로 팔각 기단을 두고 종 모양의 길쭉한 몸돌을 올린 뒤 지붕
돌을 얹은 모습이다.

부도가 있는 곳은 무척 한적하고 고요하다. 마음이 편안해져 잠시
휴식을 취한다. 주변의 동백꽃이 눈에 들어온다. 예로부터 동백이 화
재에 강해 사찰 주변에 많이 심었다고 한다. 이곳 동백꽃은 보통의 빨
간색이 아니라 분홍색이다. 동백꽃의 꽃말은 색에 따라서 조금씩 다
르다. 빨간색은 '누구보다 그대를 사랑한다.', 흰색은 '비밀스러운 사
랑, 굳은 약속, 손을 놓지 않는다.', 분홍색은 '신중, 당신의 아름다움,
당신의 사랑이 나를 아름답게 한다.'라는 뜻이다. 색에 따라서 다른
꽃말처럼 사랑도 그 모습과 형태가 가지각색이라는 생각을 해본다.

8세기 인도 승려 샨띠데바의 저술로, 보살 수행의 입문서 중 가장 널리 알려진 『입보리행론』에는 이런 구절이 있다. "수천의 생을 반복한다 해도 사랑하는 사람과 다시 만난다는 것은 드문 일이다. 지금 후회 없이 사랑하라. 사랑할 시간은 그리 많지 않다."

백제 시대부터 꿋꿋하게 자리를 지켜온 향천사는 맑고 고운 향기로 사람들에게 법음(法音)을 전하고 있다. 오랜 역사를 지닌 사찰을 보면 저절로 마음이 숙연해진다. 앞으로도 우리 곁에서 마음의 쉼터가 되어 주기를 바라 본다. 향기로운 향천사에서 잠시 마음을 내려놓고 다시 길을 떠난다.

'무여 스님 TV'
향천사 편
바로 보기

사찰 정보

예산 향천사   충청남도 예산군 예산읍 향천사로 117-20
041-335-3556

함께 볼 만한 곳

예산황새공원

예산황새공원은 자연환경 훼손으로 사라졌던 천연기념물 제199호 황새의 자연 복원을 위해 예산군이 조성한 공원이다. 황새 문화관, 생태습지, 사육장, 피톤치드숲 등을 갖추고 있으며 황새 탐조와 먹이 주기 체험 등을 할 수 있다.

파주 보광사

|

국화로 장엄한
극락

햇살이 강렬하고 하늘은 유난히 높고 푸른 가을이다. 가을은 덥지
도 춥지도 않아서 사찰 여행하기에 딱 좋다. 이른 아침, 선선한 바람
을 맞으며 파주 보광사로 향한다. 처음 가보는 사찰은 익숙한 곳들
과 달리 기대와 설렘이 가득하다. 사찰도 첫인상이 중요하다. 그곳의
첫 느낌, 만났던 사람, 자연 풍광 등이 좋은 기억으로 남아 다시 가고
싶은 사찰이 되기도 하고, 나쁜 기억으로 남아 다시는 떠올리기 싫은
사찰이 되기도 한다. 어찌 보면 첫인상에서 거의 모든 것이 정해지는
게 아닐까 하는 생각도 든다. 선입견이나 편견일 수도 있지만 한 번
굳어지면 바뀌기가 참 어렵다.

보광사에 도착하니 초입부터 국화가 만발했다. 국화축제 기간이
다. 꽃들의 환영 인사를 받으니 저절로 미소가 지어진다. 국화도 종

국화로 도량을 장엄한 보광사.

류가 참 많다. 모양과 색이 다양해서 천천히 다 훑어보려면 시간이 꽤 소요된다. 특히 입구에 아치 형태의 문을 국화로 장엄한 곳이 인상적이다. 어쩜 이리 국화의 색이 선명한지. 아직도 눈에 선하다.

보광사는 신라 시대 도선 국사가 비보 사찰로 창건했다고 전해진다. 비보 사찰은 한자로 도울 비(裨), 도울 보(補)를 쓰는데 풍수지리의 대가인 도선 국사가 그 기운이 너무 강하거나 약한 곳에 재앙을 막고자 세운 절이다. 사찰은 명당에만 있는 것이 아니다. 예로부터 기운이 좋지 않은 터에 사찰을 지으면 재앙을 막을 수 있다는 믿음이 전해져 왔다.

입구에는 해탈문과 부도전이 있다. 부도전은 입적한 스님들의 가르침과 공적을 마음에 새기고 기리기 위해 탑과 비를 세운 곳으로, 주로 사찰과 조금 떨어진 곳에 자리 잡고 있다. 보광사 부도전에는 '성파당 도형 대종사 부도'와 추모비가 있다.

국화밭을 지나자 만세루가 나온다. 1740년 무렵 창건된 것으로 추정되는 만세루는 정면 9칸에 승방(僧坊)이 딸려 있으며 본래 누각이었다. 지금은 만세루라 부르지만 건물 앞에 걸려 있는 편액에 '염불당중수시시주안부록(念佛堂重修時施主案付祿)'이라 적혀 있어 '염불당'으로 불렸음을 알 수 있다. 염불당은 스님들이 염불을 주로 하는 곳이다.

만세루는 1898년(광무 2) 궁궐의 상궁 등이 시주해 중수했다. 현재 요사채로 사용되고 있어 일반인들에게 공개하지 않는다. 그런데 주지 스님이 차 한잔을 권하셔서 허락을 받고 들어가 볼 수 있었다. 처마 끝에 신발을 신을 때 붙잡을 수 있도록 긴 끈을 매달아 둔 것이 이색적이다.

툇마루에는 눈길을 사로잡는 커다란 목어가 있다. 머리는 여의주를 문 용의 모습이고 몸통은 물고기인데 길이가 무려 3m나 된다. 지금 사용하는 것은 아닌 듯하다. 보통 예불하기 전에 목어를 치는데 이는 물속 중생을 제도한다는 염원이 담겨 있다. 목어의 유래는 다음과 같다.

옛날에 도력이 높은 스님이 있었는데, 제자 중 한 명이 나태하고 공부를 제대로 하지 않다가 갑자기 병에 걸려 죽게 되었다. 제자는 등에 커다란 나무가 솟아난 물고기로 태어났는데, 스승이 배를 타고 강을 건너다 그 물고기를 발견하곤 자신의 제자였던 것을 알고 천도재를 열어 물고기 몸에서 벗어나도록 했다. 그날 밤, 스승의 꿈에 제자가 나타나 "다음 생에는 진정으로 발심하여 열심히 공부하겠다."고 다짐하고, 자신의 등에 난 나무를 베어 물고기 모양으로 만들어 부처님 앞에서 매일매일 두드려 주기를 부탁했다. 그 후 나무로 물고기 모양의 목어를 만들게 됐다고 한다.

부처님께서는 늘 "방일하지 말고 부지런히 정진하라."고 당부하셨다. 게으름에는 약이 없으니, 부지런히 정진하여 불퇴전해야겠다는 서원을 다시 다져 본다.

만세루와 마주 보고 있는 전각은 대웅보전이다. 1740년경 중건된

만세루 툇마루에 걸린 커다란 목어가 눈길을 사로잡는다.
대웅보전 편액은 영조 임금이 쓴 글씨다.

대웅보전은 정면 3칸, 측면 3칸 규모에 위엄 있는 전각으로, 자연스럽게 깎아 세운 배흘림기둥이 인상적이다. 편액은 조선 영조 임금이 직접 쓴 글씨다. 영조의 묵직한 성품과 힘이 느껴지는 올곧은 서체다. 영조는 보광사와 인연이 깊다. 보광사를 어머니 숙빈 최씨의 명복을 비는 원찰(願刹)로 삼았기 때문이다. 대웅보전 위쪽에 있는 어실각(御室閣)은 영조가 어머니의 신위를 모셔둔 곳이고, 어머니를 지켜 달라는 염원을 담아 심은 향나무가 옆에 자리 잡고 있다. 영조의 지극한 효심이 도량 곳곳에 묻어난다.

대웅보전 내부에는 다섯 분의 부처님이 계신다. 1215년(고려 고종 2) 원진 국사가 중건할 당시 법민 대사가 목조불보살상 5위를 봉안했다고 전해진다. 석가모니불을 중심으로 오른쪽에는 약사여래불, 왼쪽에는 아미타불이 계신다. 아미타불 옆에는 제화갈라보살이, 약사여래불 옆에는 자씨미륵보살이 모셔져 있다. 석가모니불은 현세의 부처님이시고, 아미타불과 자씨미륵보살은 미래의 부처님과 보살님이고, 약사여래불과 제화갈라보살은 과거의 부처님과 보살님이다. 이렇게 다섯 분의 불보살님을 모신 이유는 시간과 공간을 초월해 부처님이 두루 계시다는 것을 일깨우기 위함이다.

과거의 '나'가 현재의 '나'를 만들고, 현재의 '나'는 미래의 '나'를 만든다. 과거, 현재, 미래는 서로 연결되어 있기에 따로 분리된 시간이 아니다. 대웅보전에 과거, 현재, 미래의 부처님을 함께 모신 이유도 마찬가지라고 생각한다. 과거, 현재, 미래의 보살님도 시간과 공간을

대웅보전 외부 판벽에 그려진 '반야용선' 벽화 일부.

초월해 언제나 계신다. 우리의 본래 마음이 부처님의 마음과 둘이 아니라는 사실을 자각하는 그 순간이 깨달음의 순간 아닐까?

고개를 들어 천장을 본다. 법당 천장에는 사찰마다 특색 있고 개성 있는 불화가 그려져 있다. 오랜 세월이 흘러 빛이 바랜 단청을 보는 것도 운치 있다. 대웅보전 천장에는 신선, 고승, 나한은 물론 여러 종류의 꽃이 가득 그려져 있다. 대부분 호분(胡粉)이 칠해진 바탕 위에 짙은 먹이나 채색을 한 것인데, 전문적인 화원의 방식을 따르지 않고 민화적 표현방식으로 그린 것이 특징이다. 왠지 더 친숙하게 느껴지는 정감 있는 그림이다. 오래 천장을 바라보게 된다.

법당 밖에는 아직 볼 것이 많다. 보통 전각의 벽체는 흙이나 회를 바르는 것이 일반적인데, 대웅보전 벽에는 판자가 끼워져 있다. 회벽에 비해 내구성이 좋지는 않지만, 나무의 결을 그대로 살려 마치 벽화가 살아 움직이는 듯한 생동감이 느껴진다.

정면을 제외한 좌우 측면과 후면은 원목이 그대로 드러난 판벽으로 되어 있고 칸마다 불화가 그려져 있다. 북쪽 벽면에는 코끼리를 타고 공양하는 보현 동자의 모습을 그린 '기상동자도'가 있고, 그 옆에는 선재 동자와 함께 중생의 고통을 구제해 주시는 백의관음이 그려져 있다. 건물 뒤에는 '영선인접도'와 '괴석도', '대호도', '노송도'를 비롯해 동자와 보살들이 연꽃을 타고 극락세계로 왕생하는 '연화화생도'가 그려져 있다. 남쪽 벽면에는 지혜를 갖추어 번뇌를 끊은 문수동자의 모습을 그린 '기사문수동자도', 부처님의 법을 호위하는 금강역사를 그린 '금강역사도', 전각을 수호하는 호법신의 모습을 그린 '위태천'이 있다. 날개 투구가 무척 인상 깊다.

응진전은 팔작지붕에 정면 3칸, 측면 2칸 규모로 대웅보전처럼 벽이 나무판자로 되어 있다. 예전에는 이 자리에 나한전이 있었지만 지금은 응진전으로 바뀌었다. 안에는 석가삼존상과 나한상 16위가 있고, 불화로는 영산회상도와 나한도 4폭이 있다.

산신각을 지나 미륵불로 향한다. 1981년에 조성한 미륵부처님의 복장에는 부처님 진신사리 11과와 『법화경』, 『아미타경』 같은 경전, '국태민안 남북통일 발원문' 등이 봉안되어 있다. 이 미륵불은 '호국대불'로도 불린다.

개울물이 졸졸 흐르는 비탈길을 오르면 전나무 쉼터가 있다. 하늘 높이 뻗은 울창한 전나무 군락이 근사한 병풍 같다. 바람이 불 때마다 풍경 소리가 청아하게 울려 퍼진다. 단풍과 국화로 도량 전체가 아름답게 장엄된 부처님 세계인 듯하다. 가을이 물드는 어느 날, 보광사를 찾아가 보면 어떨까?

'무여 스님 TV'
보광사 편
바로 보기

파주 보광사   경기도 파주시 광탄면 보광로 474번길 87
031-948-7700

파주 용암사

보물로 지정된 용암사 마애이불입상은 암벽에 새긴 거대한 불상으로 전체 높이
는 17.4m, 얼굴 크기만도 2.4 m에 이른다. 고려 시대에 천연암벽을 이용해 조각
한 것으로 몸체를 선각으로 만들고 그 위에 목과 머리, 갓을 따로 만들어 얹어 놓
았다. 둥근 갓을 쓴 원립불은 남상(男像), 사각형의 갓을 쓴 방립불은 여상(女像)
으로 전한다. 원립불은 손에 꽃을 쥔 모양으로 목은 원통형이며, 몸체를 감싸고
있는 법의의 양쪽으로 내려진 옷자락의 주름이 섬세하게 표현되어 있다.

공주 동학사

|
학인들의
독경 소리 가득한
도량

등산을 좋아하는 사람이라면 계룡산(鷄龍山)을 익히 잘 알고 있을 것
이다. 계룡산은 충청남도 공주시, 논산시, 계룡시, 대전시 유성구에
걸쳐 있는 높이 845m의 산이다. 그 이름은 능선이 닭의 볏을 쓴 용과
닮았다는 데에서 유래되었다. 특히 산기슭에 동학사, 갑사, 신원사 등
의 이름 높은 사찰이 있어 더욱 유명해진 것이 아닌가 싶다.

언제부터인지 동학사를 참배하고 싶다고 생각했는데, 그 한 생각
이 작은 씨앗이 되었는지 우연히 동학사에서 초대를 받았다. 단풍이
곱게 물든 가을, 동학사를 찾았다. 일주문에서 도량을 둘러봤다. 단풍
의 붉은빛이 무척 강렬해 눈이 부실 정도였다. 곱게 물든 단풍, 청량
한 가을 하늘, 선선한 바람. 모든 것이 완벽했다. 산으로 폭 둘러싸인
동학사는 마치 어머니 품같이 편안한 느낌이다.

곱게 물든 단풍과 청량한 가을 하늘이 반겨 주는 동학사.

우리나라에서 가장 오래된 비구니 승가대학이 있는
동학사에는 청량한 독경 소리가 울린다.

동학사에는 우리나라에서 가장 오래된 비구니 강원(승가대학)이
있다. 문필봉(文筆峰) 아래 자리해 훌륭한 대강백이 많이 배출됐는데,
특히 선지식이신 경허 스님(1849~1912)이 1879년 동학사 실상선원
에서 큰 깨달음을 얻은 것으로도 널리 알려져 있다.

동학사는 역사가 매우 깊다. 신라 시대 상원 조사가 암자를 짓고
수도하다가 입적한 후, 724년 제자인 회의 화상이 쌍탑을 건립했다
고 전해진다. 당시에는 문수보살이 강림한 도량이라 하여 절 이름이
'청량사'였다고 한다. 이후 중창을 거듭하며 지금의 모습을 갖추게 되
었다. 동학사(東鶴寺)라는 이름은 절 동쪽의 학 모양 바위에서 유래했

다고도 하고, 고려 충신 정몽주를 이곳에 제향했기 때문이라고도 전해진다.

어디선가 학인 스님들이 청량한 독경 소리가 들려온다. 운문승가대학 학인 시절이 떠올랐다. 막 출가해 아직 중물(승려 생활에 익숙해지는 것)이 들지 않았던 행자 시절, 운문승가대학 소식지인 '운문지'를 보고 가슴이 콩닥콩닥 설레었다. 스님들의 일상과 수행 이야기가 마음에 와닿았고 나도 어서 그곳으로 가고 싶은 마음이었다.

행자 생활을 마치고 운문승가대학 입학시험을 봤는데 나이가 어려서 떨어졌다. 다시 절에서 기도하고 일하며 1년을 보낸 후 시험을 보았고 마침내 입학했다. 60명의 입학생 중 22살인 내가 가장 어렸다. 엄격한 규율 속에서 마치 군대 생활 같은 일과가 시작됐다. 새로운 환경에 적응하며 하나씩 배워 갔다. 어리고 부족함이 많았기에 책임지는 일보다 심부름을 도맡아 했다. 당시에는 정통(샤워실)을 사용하는 시간이 5~10분 정도로 정해져 있었다. 짧은 시간 안에 샤워를 마치고 빨래까지 해야 하다 보니, 늘 시간이 부족해 꼬질꼬질한 모습으로 다녔던 기억도 남아 있다.

무엇보다 부처님 경전을 공부할 수 있다는 것이 즐거웠다. 큰 목소리로 우렁차게 독경했던 시절. 독경을 많이 하면 문리(文理)가 터진다고 하여 목이 쉴 정도로 열심히 독경했다. 당시 문리는 터지지 않았지만, 신심과 환희심으로 공부했던 추억이 지금도 생생하다. 학인 시절에는 수박 겉핥기처럼 경전의 글자만 이해했다면, 계속 공부를 이어가면서 심오한 경전의 내용을 아주 조금은 알아 가는 것 같다. 깨달음을 향한 긴 여정 속에서 길을 헤매지 않기 위해서 경전을 계속 독송하고, 사유하고, 실천하리라 다짐한다.

낭랑한 독경 소리를 들으니 승가대학 시절로 돌아간 것만 같다. 학인 스님들이 독경하는 것은 상강례와 제경서문이다. 상강례(上講禮)는 경전을 보기 전에 부처님께 감사함을 표하고 학업에 정진하겠다는 뜻을 담는 의식이다. 제경서문(諸經序文)은 경전과 조사 어록의 서문에 해당한다.

스님들의 신심 나는 낭랑한 독경 소리를 뒤로하고 도량을 둘러본다. 대웅전 앞 석탑이 눈에 띈다. 청량사라는 암자에서 옮겨 온 것인데 1층 기단 위에 3층의 탑신을 올린 모습으로, 탑신부의 3층 몸돌은 없어진 상태다. 기단의 맨 윗돌은 탑신의 지붕돌과 같이 윗면에 비스듬한 경사를 두었다. 탑신의 각 몸돌에는 모서리마다 기둥 모양을 본떠 새겼으며, 지붕돌은 밑면에 5단씩의 받침을 새겨 놓았다. 723년(통일신라 선덕왕 23) 동학사를 처음 지을 때 함께 세웠다고 하나, 탑의 양식이나 다듬은 솜씨로 보아 고려 시대 작품으로 추정된다. 석등에는 부처님 탄생게인 '천상천하 유아독존'과 아기 부처님이 조각되어 있다.

이제 대웅전으로 향한다. 법당이 크고 웅장하다. 주불은 석가모니불이고 좌우에 약사여래불과 아미타불이 모셔져 있다. 이 목조석가여래삼불좌상과 안에서 발견된 복장유물은 보물로 지정되어 있다.

대웅전 앞 석탑은 청량사에서 옮겨온 것이다.
동학사는 맑고 고운 학인 스님들의 얼굴로 기억된다.

조성 발원문을 통해 1606년이라는 정확한 조성 시기와 제작자, 시주자를 알 수 있기 때문이다. 발원문과 함께 봉안된 『대방광원각수다라요의경』과 『대불정여래밀인수증요의제보살만행수능엄경 언해』 『묘법연화경 언해』 등의 경전은 모두 임진왜란 이전에 간행된 것으로, 이 중 희귀성과 보존 상태 등을 고려해 중요도가 높은 7종 8책이 보물로 지정됐다.

단풍이 아름답게 물든 계룡산, 그 안에 편안히 자리하고 있는 동학사. 한 폭의 그림 안에 들어와 있는 듯하다. 부처님께서는 『인과경』에서 좋은 벗에 대해서 이렇게 말씀하셨다.

> 좋은 벗이란 첫째, 그대가 잘못된 행동이나 말을 했을 때 일깨워 주는 친구다. 둘째, 그대에게 좋은 일이 생겼을 때 마음속으로 함께 기뻐해 주는 친구다. 셋째, 그대가 괴로움에 처했을 때 그대를 저버리지 않는 친구다.

즐거울 때 함께 기뻐하고 힘들 때 힘이 되어 줄 수 있는 좋은 벗, 나부터 좋은 도반이 되어야겠다. 생각해 보면 힘들 때 위로해 주는 것보다 좋은 일이 있을 때 자기 일처럼 생각하고 함께 기뻐하는 것이 더 어렵다. 지난 시절을 돌아보니, 어리석고 부족함 많은 나의 모습이 떠오른다. 그리고 지금의 내가 있기까지의 수많은 인연이 스쳐 지나갔다. 알게 모르게 도움을 주었던 인연이 있었기에 이렇게 성장할 수 있었다. 그런데 그 고마움을 당연하게 생각하고 무심결에 상처 주고, 미워하고, 시기하고, 질투한 적이 얼마나 많았던가? 알게 모르게 지은 나쁜 마음을 참회하고 항상 선한 마음으로 좋은 도반, 좋은 인연이 될 수 있도록 노력해야겠다.

오늘 동학사에서 보았던 맑고 고운 학인 스님들의 얼굴이 계속 떠오른다. 모두 열심히 공부하고 무탈하게 졸업해 훌륭한 스님이 되었으면 좋겠다. 도를 이루는 그날까지 불퇴전하여 처음 발심한 큰 뜻을 원만 성취하기를 부처님 전에 발원한다.

'무여 스님 TV'
동학사 편
바로 보기

사찰 정보

공주 동학사　　충청남도 공주시 반포면 동학사1로 462
　　　　　　　　042-825-2570

함께 볼 만한 곳

웅진백제문화역사관

송산리고분군 입구에 위치한 박물관으로 2013년 개관했다. 백제의 웅진 도읍 시기 역사와 문화를 다양한 전시와 체험으로 배울 수 있다. 송산리고분군전시관과 공주한옥마을, 국립공주박물관을 함께 둘러보는 것을 추천한다.

산청 수선사

|
한 폭의
그림 같은 풍경

수선사는 여러 번 다녀온 사찰이다. 특히 운문승가대학 도반 스님들과 모임을 했던 곳이기에 각별하게 기억된다. 수선사 연못과 물레방아 그리고 푸른 잔디가 깔린 넓은 정원이 인상적이었다. 사찰 여행으로 또다시 수선사를 가게 된 이유는 현진 스님의 추천 덕분이다. 마야사 주지 현진 스님과 수선사 주지 여경 스님은 평소 자주 왕래하시는데, 이번 수선사 참배에 현진 스님이 선뜻 동행해 주셔서 더욱 뜻깊었다.

수선사 입구에는 사찰명이 새겨진 커다란 바위가 일주문 역할을 하고 있다. 뒷면에 새겨진 '나무아미타불' 글씨는 상당히 힘 있고 당당한 필체다. '나무아미타불, 나무아미타불, 나무아미타불' 염불을 하며 경내로 향한다. 화창하고 구름이 유달리 아름다운 날이다. 전에

못 봤던 멋진 건물이 있어 가까이 가보았더니 놀랍게도 화장실이었다. 절에서는 화장실을 '근심을 푸는 곳'이라는 뜻으로 해우소(解憂所)라 부른다. 수선사 해우소는 마치 호텔 화장실처럼 깨끗하고 고급스러웠다. 주지 스님의 성품과 취향을 짐작할 수 있다.

여경 스님이 직접 도량 안내를 맡아 불사 뒷이야기까지 들을 수 있었다. 예전에는 수선사 땅 전체가 논이었다고 한다. 스님은 불사의 원을 세우고 11명이 소유한 논을 30년 동안 조금씩 조금씩 매입했다. 불사를 시작한 후에는 법당 위에서 흘러나오는 용천수로 연못을 만들었다. 연못 입구에는 '시절인연'이라는 글이 쓰여 있다. 시절인연(時節因緣)은 모든 사물의 현상이 시기가 되어야 일어난다는 뜻이다. 그런데 여기에는 '시절인연(時節人蓮)'이라고 새겨져 있다. 이곳에서 사람과 연꽃과 만나게 되니 그 또한 시절인연이 아니겠는가? 사람도 때가 되어야 비로소 만날 수 있고, 어떤 일을 성취하려 해도 때가 되어야 비로소 이룰 수 있다. 뜻이 있음에도 아직 이루지 못한 일이 있다면 시절인연을 기다리며 희망을 잃지 말고 최선을 다해야 할 것이다.

연못에는 돌밤나무로 만든 다리가 있어 운치를 더한다. 돌밤나무는 물에 강하고 심지가 썩지 않으며 세월이 지날수록 보기 좋다는 장점이 있다. 비록 구하기는 힘들지만 오랜 세월을 견딜 수 있기에 정자 옆 물레방아도 돌밤나무로 만들었다. 정자 천장은 가죽나무라고 한다.

가을이라 꽃은 다 지고 없지만 연(蓮)은 버릴 것이 하나도 없다. 뿌

수선사 카페 '커피와 꽃자리'에서 바라본 전경.

연못 입구 다리에 '시절인연'이라는 글귀가 새겨져 있다.

리는 음식으로, 잎은 차로 만들어 먹을 수 있고, 꽃은 맑은 향기와 아름다운 자태로 눈을 즐겁게 해준다. 나는 연꽃을 볼 때마다 숙연해지는데, 그 이유는 진흙탕에서 꽃을 피우기 때문이다. 고난과 역경을 이겨 내고 한 송이 꽃을 피워 내듯, 고통과 번민으로 가득한 이 사바세계에서 한 송이 맑고 향기로운 연꽃을 스스로 피워 내길 바란다.

수선사 연못이 만들어지자 사람들이 많이 찾아왔고, 이들이 머물 수 있도록 노출 콘크리트 구조의 건물을 짓게 됐다. 템플스테이를 할 수 있는 곳으로 예전에 스님들과 하룻밤 머물렀던 장소이기도 하다. 1층에서 바라보면 통유리 밖으로 연못이 보이는데 마치 연못 위에 떠 있는 듯한 착각이 들어서 기분이 색다르다.

요즘은 사람들이 모이면 주로 커피를 마신다. 이런 문화 때문인지 사찰에도 카페가 많이 생기고 있다. 수선사 카페 이름은 '커피와 꽃자리'다. 이곳에 앉으면 누구나 꽃자리가 되었으면 좋겠다는 생각으로 지은 이름이라고 한다. 평일임에도 제법 많은 사람이 커피를 마시며 연못을 바라보고 있었다.

카페에서 법당 앞 정원까지 전에 없던 다리가 새로 생겼다. 동서양을 잇는 의미라고 한다. 서양식으로 지어진 카페와 전통 양식으로 지어진 법당을 연결하는 것이다. 카페에서는 재즈가, 법당에서는 염불이 잔잔히 울려 나오고 있다. 마치 세간과 출세간이 둘이 아님을 보여 주는 것 같다. 세간은 번뇌의 힘이 강한 세계이고 출세간은 번뇌에서 벗어난 해탈, 열반의 세계다. 출세간에 들어가기 위해서는 깨어 있고자 노력하는 수행이 필요하다.

중심 전각인 극락보전은 주지 스님이 예산 수덕사 대웅전과 강진 무위사 대웅전을 절충해서 지은 것이다. 수선사라는 절 이름은 보조국사 지눌 스님의 '수선결사'의 뜻을 담아 지었다. 극락보전 법당 크기도 송광사 16국사전에 착안해 16평 규모다. 극락보전 안으로 들어가 본다. 작지만 부족함이 없는, 정갈하고 깔끔한 전각이다. 주불은 아미타불이고 좌우에 관세음보살과 지장보살이 모셔져 있다. 법당 안의 모든 탱화는 불화장 석정 스님(1928~2012)의 작품이다. 삼성각 탱화도 마찬가지다.

퀴즈 하나. 주지 스님이 늘 들고 다니는 핀셋의 용도는 무엇일까?

도량 곳곳에서 수선사 주지 여경 스님의
섬세한 손길을 느낄 수 있다.

바로 잡초 제거용이다. 섬세한 스님의 손길이 이토록 깨끗하고 아름다운 도량을 만드는 비결이다. 스님이 도량 정비에 진심을 다하는 이유는 도량 자체가 곧 법문이라 생각하기 때문이다. 수선사에 오는 사람들이 마음 편히 쉴 수 있는 것도 스님의 보이지 않는 노고 덕분이다. 끊임없이 도량을 정비하고 다듬고 손질하는 주지 스님의 손길이 정성스럽다. 깊은 존경과 감사의 마음을 전하며 수선사가 오래오래 많은 사람이 찾는 편안한 사찰이 되기를 바란다.

'무여 스님 TV'
수선사 편
바로 보기

사찰 정보

산청 수선사   경상남도 산청군 산청읍 웅석봉로 154번길 102-23
055-973-1096

함께 볼 만한 곳

지리산 둘레길

지리산 둘레길은 지리산 둘레를 걸으며 자연과 마을, 역사와 문화의 의미를 느낄 수 있는 길이다. 산청에는 수철마을에서 출발해 성심원, 어천, 운리, 덕산을 거쳐 하동 위태마을에 이르는 둘레길 구간이 조성되어 있다. 수철-성심원 구간은 12.5km로, 산청읍을 휘돌아 흐르는 경호강을 따라 걸을 수 있다.

문경 대승사

|

연기의 이치를
알려주다

우리는 늘 누군가와 만나고 헤어진다. 만나서 좋은 인연이 되기도 하고, 스쳐 지나는 인연에 그치기도 하고, 때로는 악연으로 이어지기도 한다. 인연은 다른 사람이 만드는 것이 아니다. 내가 어떻게 처신하느냐에 따라 좋은 인연이 나쁘게 되기도 하고, 나쁜 인연이 좋은 인연으로 바뀌기도 한다. 우리의 마음과 말과 행동이 습관이 되고 업이 되어 다른 사람에게 영향을 주고, 그렇게 스스로 만든 업이 부메랑처럼 다시 자신에게 돌아온다. 이것이 연기(緣起)의 이치다.

부처님께서는 "처음도 좋고 중간도 좋고 끝도 좋은 법문을 하라."고 말씀하셨는데, 나는 이 가르침이 인간관계에서도 마찬가지라고 생각한다. 처음에 좋았던 인연이라고 해서 끝까지 좋은 인연으로 유지하기는 어렵다. 처음도 중간도 끝도 좋게 하려면, 사람에 대한 이

대승사 목각아미타여래설법상은 10매의 판목에
아미타부처님의 설법 장면 등이 새겨져 있다.

해와 지속적인 노력이 필요하다.

예전에 해남 대흥사 새벽 예불에서 만난 한 신도님이 윤필암 촬영을 부탁한 적이 있었다. 그 인연으로 윤필암을 촬영하게 됐고, 자연스럽게 큰절인 대승사까지 참배했다. 대승사는 나옹 스님이 출가하고 경허·성철·청담 스님 등 근대 고승들이 머물며 참선 수행의 정수를 보여 준 사찰이다. 대승사가 위치한 사불산(四佛山)은 공덕산(功德山)이라고도 불리며 3개의 봉우리로 되어 있다. 주봉 서쪽에는 대승사, 동봉에는 천주사, 중봉에는 백련사가 있다. 대승사의 창건 유래에 대해 『삼국유사』는 다음과 같이 전한다.

죽령 동쪽 100여 리 지점에 높이 솟은 산봉우리가 있는데, 갑신년(신라 진평왕 9)에 홀연히 사방에 불상을 새긴 네 면이 10자 정도 되는 큰 돌이 붉은 비단에 싸여 하늘로부터 산의 꼭대기에 내려왔다. 왕이 이 사실을 듣고 수레를 타고 가서 예경하고 그 바위 부근에 절을 지어 대승사라고 하였으며, 『법화경』을 독송하는 비구를 청하여 절을 주관하게 하고 주변을 깨끗이 청소한 다음 사면불상 바위에 절을 올리며 향불이 끊이지 않도록 하였다. 이 산을 역덕산 또는 사불산이라 하였는데, 비구가 죽어 장사를 지냈더니 그 무덤 위에서 연꽃이 피었다.

이후 원효 대사와 의상 대사가 대승사에 머물며 수행했고 조선 시대에는 함허득통 스님이 후학을 지도했다. 구한 말인 1899년에는 월

파 스님이 환경·화웅·학송 스님과 염불만일회를 결성해 7년 동안 정진했다. 일제강점기인 1921년에는 이곳에 유일한 강원이 문을 열어 권상로, 안진호 스님 등 뛰어난 학승을 배출하기도 했다.

일주문과 백련당을 차례로 지나면 작은 연못이 나온다. 오른손으로 하늘을, 왼손으로 땅을 가리키는 아기 부처님이 계시고 그 아래 물고기들이 유유히 헤엄치고 있다. 대승사는 대웅전을 비롯한 대부분의 전각이 1956년에 불에 타서 1960년대에 새로 지었다. 대웅전은 겹처마 팔작지붕으로 정면 3칸, 측면 3칸 규모다. 법당 안에는 주불인 석가모니불 뒤로 눈부시게 아름다운 금빛 탱화가 모셔져 있다. 국보로 지정된 아미타여래설법상이다. 와! 하고 탄성이 절로 난다.

대승사 목각아미타여래설법상은 후불탱화를 조각으로 표현한 목각탱으로, 총 10매의 판목에 아미타불의 설법 장면과 극락세계로 갈 수 있는 아홉 가지 방법이 조각되어 있다. 현존하는 조선 후기 목각아미타여래설법상 가운데 가장 크고 오래된 작품이자 불화와 조각을 절묘하게 접목한 선구적인 작품으로 평가받고 있다.

대웅전 바로 옆에는 대승선원이 있다. '천강사불 지용쌍련(天降四佛 地聳雙蓮)'이라고 적힌 편액은 시암 배길기(1917~1999) 선생의 글씨로, 하늘에서 부처님 네 분이 내려오고 땅속에서는 연꽃 두 송이가 솟아 피어올랐다는 창건 설화를 담고 있다. '대승선원' 편액은 월산 스님의 필적이다. 선원의 큰방 건물은 H 자형으로 정면 8칸의 팔작지붕에 40여 명이 정진할 수 있는 공간이다. 1960년대 퇴경 권상

1956년 큰불이 났을 때 유일하게 피해를 입지 않은 명부전.
대승사 산내 암자인 윤필암의 가장 높은 곳에 사불전이 있다.

로(1879~1965) 선생이 지은 것으로 전해진다. 선원에 들어서니 스님들이 뜨거운 의단(疑團)과 신근(信根)과 용맹으로 공안을 타파하기 위해 치열하게 정진하고 있는 기운이 느껴진다. 수행의 방법에는 다소 차이가 있더라도, 수행의 최종 목적은 오직 깨달음이다. 번뇌가 곧 깨달음이고 중생이 곧 부처라고 하지만, 우리의 삶은 아직도 미혹과 번뇌 속에서 허덕이고 있다. 지향하는 이상과 지금 마주한 현실의 차이 속에서 방황하고 갈등한다. 청허휴정 스님은 "무량한 수행문 가운데 참선이 제일이라네. 천생 만생 태어나도 바로 여래의 방에 앉으리."라고 말씀하셨다. 바다 같은 넓은 신심을 일으키고 산처럼 높은 뜻을 세워 있는 힘을 다해 화두를 참구하라는 가르침이다. 선방에 반듯하게 놓인 좌복을 보면서 용맹정진하는 스님들의 모습을 상상해 보았다.

대승선원에 모셔진 관음보살좌상(보물)은 15세기 후반에 조성됐다. 머리에 화려한 금속 보관을 쓰고 양쪽 귀에 걸친 머리카락은 여러 가닥으로 흩어져 어깨를 덮고 있다. 미간에는 백호가 표현되어 있다. 이목구비가 가지런하여 원만한 느낌을 준다. 이 관음보살은 오랜 세월 동안 열심히 수행 정진하는 수많은 스님들을 흐뭇하게 지켜보셨을 것이다.

이제 명부전으로 향한다. 명부전은 1956년 큰불이 났을 때 유일하게 피해를 보지 않은 전각이다. 도명존자와 무독귀왕이 있다. 1876년 제작된 지장탱화는 두드러진 채색, 무늬의 생략, 음영이 심한 옷

주름 표현 등이 그 시대 불화의 양식적 특징을 잘 보여 준다.

극락전에는 금동아미타여래좌상(보물)이 모셔져 있다. 고려 후기에 조성된 이 불상은 조형적 완성도가 높고 보존 상태도 좋다. 긴 얼굴과 통통한 두 볼, 반쯤 감은 듯한 눈, 반듯한 콧날, 살짝 올라간 입술이 인상적이다.

대승사 산내 암자로는 묘적암과 윤필암, 상적암 등이 있다. 그중 윤필암으로 향했다. '대승사사적기'에 따르면 윤필암은 1380년(고려 우왕 6) 각관 스님이 창건했다. 고려 말 나옹 화상의 출가 사찰로 알려져 있다. 『신증동국여지승람』 지평현 편에는 "이색이 왕명을 받들어 나옹의 부도명을 지었다. 나옹의 문도들이 집필료를 마련하여 사례하였는데, 이색이 받지 않고 그 집필료로 허물어진 절을 수리하도록 하였다. 이로 인해 (수리한 암자를) 윤필암이라고 불렀다."라고 전한다. 윤필(潤筆)이란 서화나 문장을 써 달라고 부탁할 때 주는 사례금을 말한다.

윤필암은 수덕사 견성암, 오대산 지장암과 함께 우리나라 3대 비구니 참선 수행 도량이다. 비구니 큰스님이신 묘엄 스님이 이곳에서 출가하셨고 지금도 많은 비구니 스님들이 수행 정진하고 있다. 스님들의 따뜻한 손길이 도량 곳곳에서 느껴진다.

계단을 따라 올라가면 가장 높은 곳에 사불전(四佛殿)이 있다. 사불전에 들어가면 통유리로 밖이 훤하게 보이고 불상은 따로 모셔져 있지 않다. 산 중턱에 보이는 커다란 바위가 바로 사불 부처님이다.

사불전에서 내려다본 윤필암 전경.

『삼국유사』에 따르면 이 바위는 하늘에서 내려왔다고 한다. 낭떠러지 끝 암반 위에 자리한 육면체 모양의 바위 네 면에는 불상이 새겨졌는데, 오랜 세월이 지나는 동안 마모되어 제대로 보이지 않지만 모두 여래상으로 여겨진다. 동쪽과 서쪽은 앉은 모습인 좌상, 남쪽과 북쪽은 서 있는 모습인 입상으로 보이며 6~7세기에 조성되었다고 한다.

사불선원은 눈 푸른 납자(衲子)들이 자신만의 화두를 가슴에 품고 치열하게 정진하는 곳이다. 선원 안에는 유형문화재로 지정된 아미타불이 있다. 아미타불은 두꺼운 한지로 정교하게 만든 검은색 감실(龕室) 안에 모셔져 있다. 나무로 조성해 금칠한 것으로 어깨를 움츠리고 있어 전체적으로 약간 긴장된 듯한 느낌을 준다. 복장에서 나온 개금발원문과 조각 양식 등을 볼 때 조선 중기인 16세기 무렵에 조성되었을 것으로 짐작된다.

선방에서 죽비 소리에 맞추어 잠시 고요하게 마음을 들여다보는 입정(入定)을 했다. 수많은 생각이 오가는 가운데 깊은 내면의 세계로 들어간다. 깊은 바닷속이 고요하듯 내면의 고요와 평온을 느낀다. 수행하는 데 있어 눈 밝은 선지식과 바른 도반을 만나는 것은 무척 중요하다. 부처님께서는 그런 스승과 도반이 없다면 무소의 뿔처럼 혼자서 가라고 하셨다. 어떤 상황에 놓여 있더라도 묵묵히 자기 일에 최선을 다한다면, 언젠가는 그 뜻을 반드시 이룰 것이다.

'무여 스님 TV'
대승사 편
바로 보기

사찰 정보

문경 대승사 경상북도 문경시 산북면 전두리 8 대승사
054-552-7105
경상북도 문경시 산북면 전두리 17 윤필암
054-552-7110
템플스테이 운영

함께 볼 만한 곳

문경세계명상마을

문경세계명상마을은 2022년 4월 '간화선과 부처님 당시 전통수행을 전하는 국민선방'을 표방하며 문을 열었다. 8만 4천여m^2 부지에 선방과 무문관, 수행자 숙소, 리조트형 숙소 등을 갖추고 있으며 명상, 참선, 숲속 걷기 등 다양한 프로그램을 운영하고 있다.

안동 봉정사

|

하늘에서 내려온
등이 환하게
밝히는 절

오늘의 사찰 여행은 1992년 영국 엘리자베스 2세 여왕이 방문해 극찬한 안동 봉정사로 떠난다. 봉정사는 2018년 '산사, 한국의 산지승원'으로 유네스코 세계문화유산에 등재된 7개 사찰 중 하나다. 새벽에 길을 나서 오전 중 봉정사에 도착했다.

봉정사는 672년(신라 문무왕 12) 의상 대사의 제자인 능인 대사가 창건한 사찰이다. 봉정사가 위치한 천등산은 원래 대망산이라 불렸다. 전하는 이야기에 따르면 능인 대사가 대망산 바위굴에서 도를 닦고 있을 때 한 여인이 나타나 유혹했지만, 오히려 여인에게 깨달음을 주어 돌아가게 했다. 이 여인은 옥황상제의 명으로 스님을 시험하러 온 것인데, 스님의 도력에 감동한 옥황상제가 하늘에서 등불을 내려 굴 안을 환하게 밝혀 주었으므로 '천등굴', '천등산'이라 불리게 됐다고 한다. 이후 능인 대사가 종이 봉황을 접어 날리니 이곳에 와서 머물렀기에 산문을 열고 '봉황이 머물렀다'는 뜻으로 봉정사라 이름했다.

봉정사 창건 설화를 읽다 보니 석가모니 부처님의 고행이 떠올랐다. 부처님께서는 6년 고행 끝에 마구니의 항복을 받아 마침내 깨달음을 증득하셨다. 남이 쉽게 갈 수 없는 어려운 길일수록 유혹과 번뇌가 많다. 도가 높을수록 마가 치성하다는 '도고마성(道高魔盛)'이라는 말도 있지 않은가. 고난과 역경이 많을수록 목표에 가까워진 것이라 생각하면 어려움을 이겨 내는 데 조금 힘이 되지 않을까 싶다.

가장 먼저 향한 곳은 극락전(국보)이다. 현존하는 우리나라 목조 건축 중 가장 오래된 건물이다. 자연석과 가공석으로 쌓은 기단 위에 세워진 정면 3칸, 측면 4칸 규모 전각이다. 고려 시대에 지어졌지만 통일신라 시대 양식을 본받았다. 극락전 바닥은 마루가 아니라 흙을 구워 만든 전돌을 깔았다고 한다. 내부에는 아미타불만 모셔져 있고 후불탱화에는 본존불인 아미타불과 좌우 협시보살인 관세음보살, 대세지보살이 그려져 있다.

역시 국보로 지정된 대웅전은 정면 3칸, 측면 3칸 규모의 팔작지붕 건물이다. 내부에는 석가보니불을 중심으로 좌우에 가섭존자, 아난존자가 모셔져 있다. 법당 안에 용 그림이 많이 그려져 있는 것이 특징이다. 서양의 용은 무서운 이미지로 많이 그려지는 반면 동양의 용은 위엄 있고 신성한 영물이자 구름과 비를 부리는 신령스러운 동

만세루 돌계단을 오르면 봉정사 경내가 펼쳐진다.

우리나라 목조건축 중 가장 오래된 국보 봉정사 극락전.
봉정사 대웅전 역시 국보로 지정되어 있다.

물로 여겨진다. 사찰은 목조 건축물이라 화재에 취약하기에 예방 차원에서 물을 관장하는 용을 그리거나 조각하는 경우가 많다.

고금당(보물)은 동쪽에 있는 화엄강당과 같은 시기, 같은 목수에 의해 지어진 것으로 조선 중기 건축 양식을 잘 보여준다. 다만 화엄강당과 달리 기둥 사이의 간격이 좁고 높은 구조를 하고 있어서 대조를 이룬다.

화엄강당(보물)은 스님들이 교학을 공부하는 곳으로 극락전, 대웅전과 함께 17세기에 중수된 것으로 추정된다. 정면 3칸, 측면 2칸 규모인데 2칸은 방이고 1칸은 부엌으로 되어 있으며 부엌과 방 사이에는 벽장을 설치했다. 화엄강당은 봉정사 경내를 대웅전과 극락전으로 구분하는 경계선 역할을 한다.

마지막으로 영산암으로 향한다. 영산암의 '영산(靈山)'은 석가모니 부처님께서 『법화경』을 설법하시던, 인도 왕사성 근방에 있는 영축산을 말한다. 부처님께서 『법화경』을 설법하는 장면을 그린 '영산회상도'는 법당 후불탱화로 많이 봉안된다. 봉정사를 찾는 이들 대부분은 덕휘루를 거쳐 대웅전과 극락전만 둘러보고 돌아선다. 그러나 산사의 고즈넉함을 즐길 줄 아는 사람이라면 사립문을 지나 요사채 뒤쪽 산자락에 자리 잡은 영산암을 찾아보자. 우화루를 지나 영산암 안마당에 닿으면 고건축을 전혀 모르는 사람도 우리 한옥의 아름다움과 마당의 멋스러움에 시선을 빼앗길 것이다. 마당 가장자리의 아담한 동산에는 기암괴석과 멋스럽게 휘어진 향나무, 관상수를 비롯해

영산암 안마당은 우리 한옥의 아름다움과 멋스러움을 보여준다.

다양한 꽃나무들이 조화를 이루고 있다. 또 건물마다 툇마루와 누마루를 두어 서로 끊어질 듯 이어져 있다. 이렇게 뭔가 부자연스러운 듯 자연스럽게 연결된 모습이 인상적이다.

불교에서는 말하는 연기법은 '이것이 있기에 저것이 있고, 이것이 일어나므로 저것이 일어난다. 이것이 없으면 저것이 없고, 이것이 사라지면 저것 또한 사라진다.'는 가르침을 담고 있다. 연기란, 어떤 현상이나 일이 일어나기 위해서는 그 원인이 존재한다는 뜻이다. 스스로 독립하여 실체로서 존재할 수 없으니, 서로 영향을 주고받으면서 존재한다. 마치 이 마당의 나무와 꽃과 바위와 전각이 조화롭게 어우러져 있는 것과 같다. 우리 역시 혼자 존재할 수 없고 서로 알게 모르게 영향을 주고받으며 살아간다. 선한 마음으로 살아가면 즐거움의 과보가 있고, 악한 마음으로 살아가면 결국 괴로움의 과보가 있다. 인과를 믿고 실천하는 사람은 선한 마음을 가지고 말하고 행동함으로써 주변에 선한 영향력을 미친다. 그렇게 되면 이 세상이 조금 더 살기 좋고 아름답게 변하지 않을까?

우리 전통 건축의 멋과 아름다움을 보고자 한다면 봉정사 영산암에 꼭 들러보길 바란다. 소박한 마당에 조화를 이룬 나무와 꽃을 보는 재미도 쏠쏠하다. 툇마루에서 차 한 잔 마신다면 더할 나위 없겠다. 봉정사가 이 모습 그대로 오래오래 보존되기를 바라며 이번 여행을 마친다.

안동 봉정사   경상북도 안동시 서후면 봉정사길 222
054-853-4181
템플스테이 운영

함께 볼 만한 곳

안동 이천동 마애여래입상

안동시 이천동 태화산 산록 제비원에 있는 고려 시대 불상으로 세비원 미륵으로 널리 알려져 있다. 자연암벽에 부처님의 몸을 새기고 그 위에 머리를 따로 조성해 올려놓았다. 전체 높이는 12.38m이며 머리 높이만도 2.43m에 달한다. 1963년 보물로 지정됐다.

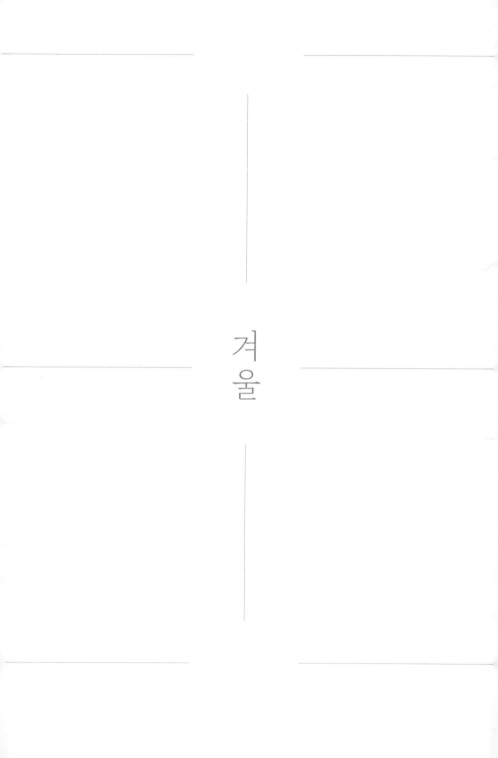

겨울

서울 길상사

|

법정 스님이
그리울 때면

학창 시절 질풍노도의 시기를 보낼 때 내 마음의 의지처가 된 곳은 사찰이었다. 어머니를 따라 여러 사찰에 다녔는데 그중 길상사가 가장 기억에 남는다. 여느 사찰보다 자주 갔었고 스님들과 함께 기도하고 차담을 나누었던 소중한 추억이 있기 때문이다. 스님들께 고민을 털어놓기도 하고 법문도 자주 들었다. 그러면서 불교에 관심이 높아져 경전과 관련 서적을 찾아 읽게 되었다. 특히 고승 열전에 나오는 큰스님들의 일화를 보며 크게 감동했다. 신심이 나서 부처님을 그리는 사불, 경전을 따라 쓰는 사경 등의 수행도 종종 했다. 그렇게 불교 공부는 나에게 그 무엇보다 기분 좋고 행복한 일이 되었다.

  법정 스님이 남기신 수많은 글 중 '무소유'에 대한 말씀이 아직도 기억에 남는다.

무소유란 아무것도 갖지 않는다는 것이 아니라 불필요한 것을 갖지 않는다는 뜻이다. 우리가 선택한 맑은 가난은 부(富)보다 훨씬 값지고 고귀한 것이다.

스님의 글에는 맑고 청정한 향기가 배어 있다. 지치고 고단한 삶을 살다가 법정 스님의 글을 읽으면 마음이 저절로 청량해진다. 스님의 글이 많은 이들에게 사랑받는 이유도 이 때문이리라. 미래에 대한 불안과 걱정, 근심이 많았던 사춘기 시절, 법정 스님의 책은 나에게 큰 위안이 됐다.

법정 스님과의 인연은 나의 발걸음을 길상사로 향하게 했다. 스님들과 함께하면 마음이 정화되는 것 같았고 향 내음 또한 편안하고 익숙하게 느껴졌다. 사찰과 스님들을 이렇게 좋아하다가 결국 출가까지 하게 되었는지도 모른다. 또 하나, 자유로운 영혼의 스님들이 무척 부러웠다. 나도 마음의 대자유, 대평안을 얻고 싶었기에 지금 그 길을 향해 가고 있다.

출가한 후에는 출타가 자유롭지 않았기에 길상사에 갈 수 없었다. 마음의 고향같이 그리웠으나 한참의 시간이 흐른 뒤에야 찾아갈 수 있었다. 길상사는 예전 모습과 크게 달라진 것이 없었기에 추억을 떠올리기에 더욱 좋았다.

길상사에 도착하니 새하얀 눈이 내리고 있었다. 나를 반겨주는 것만 같아 어린아이처럼 들뜨고 설레었다. 눈 내리는 사찰은 고요하다.

도심에 있지만 마치 깊은 산속에 들어와 있는 듯하다. 고요한 산사에서 텅 빈 충만을 느껴본다. 모든 집착과 번뇌에서 벗어나 어디에도 집착하지 않고 비었을 때의 그 단순한 충만감, 그것이 극락이다.

일주문을 가장 먼저 만난다. '삼각산 길상사' 현판은 추사 이후 최고의 명필로 손꼽히는 여초 김응현(1927~2007) 선생의 작품이다. 일주문 양쪽 주련에는 '신령스러운 광명이 어둡지 않아 만고에 빛나니, 이 문안에 들어오거든 알음알이를 두지 말라.'는 글이 새겨져 있다. 일주문을 경계로 세간과 출세간이 나뉜다. 이제 욕심내는 마음, 성내는 마음, 어리석은 마음을 잠시 내려놓고 사찰을 만난다.

극락전 앞, 선정에 든 부처님이 계신다. 맑고 순수한 부처님의 모습을 볼 때마다 저절로 미소가 지어진다. 중심 전각인 극락전에는 아미타불과 좌우에 관세음보살, 지장보살이 모셔져 있다. 전각의 규모가 꽤 크다. 예전에 이곳에서 법정 스님이 설법하시던 모습이 눈에 선하다. 법문의 내용은 잘 기억나지 않지만 스님을 멀리서 뵙는 것만으로도 좋았다.

일주문 왼쪽 길로 오르면 보호수와 '맑고 향기로운 가게'를 지나 지장전이 있고, 1층에는 다라니 다원이 있다. 다원은 차를 마실 수 있는 휴식 공간으로 따뜻하게 느껴졌다. 계단으로 올라가다 보면 중간에 발우를 들고 있는 스님 석상을 볼 수 있다. 부처님 당시에 수행자들은 발우를 가지고 마을에 가서 탁발하고, 돌아와서 공양을 마친 후 부처님의 설법을 들었다. 지금도 남방불교권에서는 탁발 문화가 계

학창 시절 마음의 의지처가 되어준 길상사.

진영각에는 법정 스님의 진영과 유품이 모셔져 있다.

속되고 있으나, 중국을 거쳐서 한국에 들어온 북방불교에서는 사찰에서 음식을 만들어 공양하는 문화로 바뀌게 되었다.

길상사는 본래 대원각이라는 이름의 고급 음식점이었다. 대원각 소유주였던 길상화 보살(故 김영한, 1916~1999)은 1985년, 법정 스님에게 대원각 터와 건물을 시주하고 절을 세워달라고 간청했다. 법정 스님은 처음에는 이를 사양했으나 1995년 요청을 받아들여 대한불교조계종 송광사 말사에 '대법사'로 등록했다. 1997년에는 '맑고 향기롭게 근본도량 길상사'로 이름을 바꾸어서 재등록했다. 길상사에는 길상화 보살의 무주상보시를 기리는 공덕비가 세워져 있다. 무주상보시(無住相布施)는 상에 머무름이 없는 보시를 의미한다. 내가 베풀었다는 상을 내지 않고 대가를 바라지 않는다. 허공같이 맑은 마음으로 보시해야 걸림이 없고, 결국 마음의 평안을 누릴 수 있다.

사람의 탐욕은 끝이 없기에 가지고 가져도 늘 부족하고 허기진다. 이 부족하고 허기진 마음을 불교에서는 갈애(渴愛)라고 한다. 갈애는 목마른 사람이 물을 구하는 것처럼 애착을 갖는 것을 의미한다. 이것이 모든 번뇌의 근본이 되고 윤회를 반복하는 원인이 된다. 탐욕으로 인해 하나를 가지면 둘을 가지려 하고, 점점 더 좋은 것을 가지려 안간힘을 쓴다. 아무리 채워도 마음은 풍요로워지지 않는다.

현대인들은 과거보다 더 풍요로운 시대에 살고 있지만 마음은 오히려 더 피폐하고 괴롭다. 무엇이 문제인가? 마음을 닦는 공부가 잘되고 있지 않기 때문이다. 지식을 쌓고 물질을 쌓는 것도 중요하지만 고요하게 자기 마음을 들여다보면서 명상하는 시간이 필요하다.

길상선원은 재가자들이 수행하는 곳이다. 출가 전, 어머니와 이곳에서 참선했던 경험이 있다. 그 당시와 똑같은 좌복을 아직도 사용하고 있어 무척 놀랐다. 좌복 위에 앉으니 학창 시절이 떠올라 감회가 새로웠다.

이제 진영각으로 향한다. 진영각은 법정 스님이 길상사에 오시면 잠시 머무르던 처소였다. 스님은 이곳에서 제자들에게 "장례식을 하지 마라. 사리를 찾지 마라. 관과 수의를 마련하지 말고, 평소 승복을 입은 상태로 다비하라."는 유훈을 남기고 조용히 입적하셨다. 진영각 옆에는 법정 스님의 유골이 안치되어 있다.

눈 내리는 길상사에서 텅 빈 충만을 느낀다.

설법전 앞에는 종교 간 화합과 평화의 염원이 담긴 관음보살상이 있다. 2000년 4월 천주교 신자인 조각가 최종태 씨가 조성한 것으로 미륵반가사유상 같기도 하고 성모마리아상 같기도 하다. 앞서 1997년에는 고 김수환 추기경님이 길상사 법회에 참석해 축사하셨고, 다음 해에는 법정 스님이 명동성당에서 법문하셨다. 또한 길상보탑은 영안모자 백성학 회장이 종교 화합의 의미로 기증해 2012년 11월 봉안한 것으로, 2013년 5월 미얀마에서 이운해 온 부처님의 오색 정골 사리와 제자들의 사리를 새롭게 복장 봉안했다.

길상사는 전통적인 모습과 현대적인 모습이 조화를 이루고 있는 멋진 사찰이라는 생각을 다시금 했다. 서울 도심에 이렇게 편안한 사찰이 있어서 많은 사람에게 위안과 기쁨과 평화를 주고 있다.

행복할 때는 행복에 매달리지 말라. 불행할 때는 이를 피하려 하지 말고 그냥 받아들이라. 그러면서 자신의 삶을 순간순간 지켜보라. 맑은 정신으로 지켜보라.
-법정 스님의 글 '아름다운 마무리' 중에서

법정 스님은 무심한 마음으로 이 세상에 잔잔하고 고요하고 아름다운 울림을 주셨다. 스님을 떠올리며 초발심을 잊지 않겠다는 원력을 다시 한 번 다져 본다.

'무여 스님 TV'
길상사 편
바로 보기

사찰 정보

서울 길상사 서울특별시 성북구 선잠로5길 68
02-3672-5945
템플스테이 운영

함께 볼 만한 곳

심우장

성북동에 있는 만해 한용운 스님의 유택이다. 일제강점기인 1933년, 만해 스님은 조선총독부와 마주보는 것을 거부하며 북향으로 터를 잡아 심우장을 지었다. 내부에는 스님의 글씨와 연대기 등이 전시되어 있다. 마당에는 만해 스님이 직접 심은 향나무 한 그루가 서 있다. 1985년 서울시기념물로 지정되었다가 2019년 사적으로 승격됐다.

정선 정암사

하얀 눈이 내리는 이른 아침, 강원도 정선군 태백산 정암사로 향했다. 눈이 소복하게 쌓인 산사를 보고 싶어서였다. 눈길을 조심조심 달려 정암사에 도착했다. 입구부터 설경이 펼쳐져 그냥 보기 아까울 정도다. 눈사람을 만들고 싶은 마음을 누르고 정암사에 들어선다. 사찰 기와에 쌓인 눈은 유달리 더 반짝거려 보석 같다. 아무도 밟지 않은 눈밭에 발자국을 내며 사찰을 둘러보았다. 바람이 무척 많이 불어 캠코더를 지탱하는 삼각대가 몇 번이나 쓰러졌다. 입이 얼어서 말도 제대로 나오지 않았다. 겨울 촬영이 쉽지 않다는 것을 새삼 느꼈다.

우리나라에는 신라 자장 율사가 당나라에서 귀국할 때 가져온 부처님 사리와 정골을 나누어 봉안한 5대 적멸보궁이 있다. 양산 통도사, 오대산 상원사, 설악산 봉정암, 사자산 법흥사 그리고 태백산 정암사다.

정암사(淨巖寺)라는 이름은 '숲과 골짜기는 해를 가리고 멀리 세속의 티끌이 끊어져 정결하기 짝이 없다.'는 의미를 담고 있다. 창건 설화도 흥미롭다. 자장 율사가 처음 사북리 불소(佛沼) 위의 산정에 불사리탑을 세우려 했으나 세울 때마다 붕괴해 간절히 기도했다. 그랬더니 하룻밤 사이에 칡 세 줄기가 뻗어 지금의 수마노탑, 적멸보궁, 사찰 터에 멈추었으니 그 자리에 탑과 법당, 본당을 세우고 절 이름을 '갈래사', 산 이름을 '갈래산'이라 했다.

또 서해 용왕이 자장 율사의 신심에 감화되어 마노석(瑪瑙石)을 배에 싣고 동해 울진포를 지나 신력(神力)으로 갈래산에 비장(秘藏)해 두었다가, 자장 율사가 갈래사를 창건할 때 이 돌로 탑을 짓게 했다고 하여 마노탑이라 한다. 물길을 따라 마노석을 옮겼기에 물 수(水)자를 붙여 수마노탑이라고도 부른다. 탑을 세운 목적은 전란이 없고 날씨가 고르며 나라가 복되고 백성이 편안하게 살기를 염원하는 데 있다고 한다.

금탑, 은탑에 얽힌 전설도 있다. 정암사 북쪽으로 금대봉이 있고 남쪽으로 은대봉이 있는데, 그 가운데 금탑, 은탑, 마노탑의 3기의 보탑이 있다고 한다. 마노탑은 사람이 세웠으므로 세인들이 볼 수 있으나, 금탑과 은탑은 자장 율사가 후세 중생들의 탐심(貪心)을 우려해 불심이 없는 중생들은 육안으로 볼 수 없도록 비장했다고 전해진다.

일주문에는 '태백산 정암사'라는 탄허 스님의 친필이 걸려 있다. 곧

우리나라의 5대 적멸보궁 중 하나인 정암사.

바로 적멸보궁으로 발길을 옮긴다. 적멸보궁의 가장 큰 특징은 불상이 없다는 점이다. 중국이나 일본에서는 찾아볼 수 없는 우리나라만의 특징이다. 적멸보궁 안에는 연꽃을 수놓은 붉은 방석 하나만 있을 뿐이다. 부처님 진신사리를 향해 예배하도록 자리를 마련해 둔 것이다.

적멸보궁 앞뜰에는 한 그루 나무가 있는데, 천년이 넘은 선장단(禪杖壇)이라는 고목이다. 이 나무는 자장 율사가 짚고 다니던 지팡이를 심은 뒤 자라난 것이라고 한다. 신기한 것은 이 고목은 옛날 그대로 손상된 곳이 없다는 점이다. 나무에 잎이 피면 자장 율사가 다시 이 세상에 오신다는 전설도 전해진다.

돌담길을 돌아 나와 수마노탑을 향한다. 도중에 마음을 하나로 모

정암사 수마노탑은 2020년 국보로 승격됐다.
수마노탑 1층 몸돌에는 감실을 두고 철로 만든 문고리를 달았다.

은다는 뜻의 '일심교'라는 돌다리를 건넌다. 일심교 아래에는 한반도와 동북아시아에만 산다는 열목어가 서식한다. 천연기념물인 열목어는 1급수에 사는 대표 어종으로 맑고 차가운 산간 계곡에 주로 서식한다. 함경도 열목어의 눈이 빨갛다고 해서 '열목어(熱目魚)'라는 이름이 붙여졌다고 하는데, 남한에서 볼 수 있는 열목어의 눈은 빨갛지 않다.

수마노탑을 향해 오르는 길은 계단이 많다. 부처님 진신사리를 친견하는 길이 호락호락할 리 없는 법. 중생들이 깨달음을 향해 가는 길도 이와 같으리라. 도량 곳곳에 새겨진 '수마노탑 국보 승격 발원'이라는 문구를 보면서, 나도 수마노탑이 국보로 승격되기를 간절히 기도했다. 너무나 신기하게도 정암사를 다녀오고 얼마 되지 않아, 보물이던 정암사 수마노탑이 국보로 승격됐다는 기사를 접했다. 얼마나 반가운 소식인지 나도 모르게 환호성을 질렀다.

드디어 7층 모전석탑인 수마노탑에 도착했다. 모전석탑이란 전탑(塼塔)을 모방해 돌을 벽돌 모양으로 깎아 쌓아 올린 탑을 말한다. 화강암으로 6단의 기단을 쌓고 탑신부를 받치기 위해 2단의 받침을 두었다. 탑신은 회녹색을 띤 석회암으로 쌓았는데, 표면을 정교하게 정돈해 마치 벽돌을 사용한 것처럼 보인다. 1층 몸돌의 남쪽 면에는 감실을 두었는데, 1장의 돌을 세워 문을 만들고 그 가운데에는 철로 만든 문고리를 달았다. 그리 거대한 편은 아니지만 형태가 세련되고 정교한 수법이 돋보인다. 탑 앞에 돌이 하나 있는데 여기 새겨진 연꽃

정암사에는 문수보살을 친견하고자 했던
자장 율사의 간절함이 서려 있다.

무늬와 안상(眼象) 등은 고려 시대의 특징을 나타내고 있다.

수마노탑은 파손이 심해 1972년에 해체, 복원했다. 이 과정에서 탑을 세운 이유를 담은 탑지석(塔誌石) 5개와 금·은·동으로 만들어진 사리구가 발견되어 조선 후기에 이르기까지 여러 차례 보수되었음을 알게 되었다. 현재의 모습이 언제부터 전해진 것인지는 확실치 않지만, 정암사에 있는 여러 유물과 비교해 볼 때 고려 시대에 처음 만들어졌을 것으로 짐작해 볼 수 있다.

수마노탑을 참배하고 내려오는 길에 자장각에 들렀다. 사방 1칸의 소박한 전각인데 자장 율사의 진영이 모셔져 있다. 1978년 일섭스님의 마지막 제자 송곡 조정우(1943~2012) 선생이 그렸다고 한다. 자장 율사가 문수보살을 친견하기 위해 기도하던 어느 날, 남루한 도포를 입은 늙은이가 칡으로 만든 삼태기에 죽은 강아지를 담아 메고 와서 자장 율사 뵙기를 청했다. 시자가 미친 사람이라고 생각해 내쫓으려고 하자 그 늙은이는 "아상(我相)을 가진 자가 어찌 나를 알아보겠는가." 하고는 죽은 강아지를 꺼내는 순간, 사자로 변하였다. 사자보좌를 타고 문수보살은 사라졌다. 문수보살을 알아보지 못한 자장 율사는 스스로 참회하며 정진하다 열반에 드셨다.

정암사에서 시작해 자장 율사의 열반지인 적조암터, 유골이 안치된 뾰족바위를 거쳐 만항마을까지 4.2km의 순례길을 걸어보는 것도 좋을 것 같다. 순례길에서 불국토를 염원한 자장 율사의 간절한 마음을 느낄 수 있을 것이다.

당나라의 건봉 스님에게 한 제자가 물었다. "어디로 향하나 부처님의 세계로 통하는 문이 열려 있다고 합니다. 또 큰길이 열반의 문 앞까지 곧게 뚫려 있다고 합니다. 그러면 어디서부터 시작해야 합니까?" 스님은 지팡이로 제자의 바로 앞에 줄을 그었다. "바로 여기서부터!"

지금 이 순간, 이 자리야말로 참된 자리다. 하얀 눈이 소복하게 쌓인 정암사 적멸보궁과 수마노탑은 나에게 '지금 이 순간'을 소중히 여기라는 가르침을 전하는 것만 같다.

'무여 스님 TV'
정암사 편
바로 보기

사찰 정보

정선 정암사　　강원도 정선군 고한읍 함백산로 1410
033-591-2469

함께 볼 만한 곳

정선아리랑박물관

한민족의 얼과 한이 담긴 민요 '아리랑'을 연구하고 전시하는 곳이다. 유네스코 인류무형문화유산이자 대한민국 무형문화재인 '아리랑'은 현재까지 3,600여 곡이 전승되고 있으며 이 중 가장 오래된 것이 강원도 정선 아리랑이다. 각종 역사 문화적 자료를 볼 수 있고 지역 명창들이 들려주는 아리랑을 감상할 수 있다.

김천 수도암

만물이 나오기 전 한 소식이 있었으니 그것은 하얀 눈과 같은 마음이
라네. 좋고 나쁜 세상일이 여기에서 시작되니 세상만사 모든 일이 이
로부터 일어나네. 수도산은 외로이 솟았는데 골 깊은 산사에 조사전
이 있구나. 한 생각 속에 삼천을 끊었으니, 과거 현재 미래에도 머무르
지 않는다네.
　-'수도암 안내 글' 중에서

　수도암을 생각하면 아찔했던 기억이 가장 먼저 떠오른다. 겨울 어
느 날, 한 보살님과 수도암에 갔다. 높은 곳에 있는 암자라 꼬불꼬불
산길을 얼마나 많이 올랐는지 모른다. 한참을 오르고 올라 귀가 먹먹
해질 무렵, 수도암 경내가 눈에 들어왔다. 법당에 참배하고 원제 스

님과 이야기를 나누었다. 원제 스님은 2012년 9월부터 2년간 5대륙 45개국을 일주하고 『다만 나로 살 뿐』이라는 책을 출간했다. 이 때문에 '세계 일주 1호 스님'으로 불리기도 한다. 스님은 "최선을 다해야 할 때와 아닐 때를 알게 되면서, 자연스럽게 사는 것이 원칙이 되었기에 '최선을 다하지 않으면서 자연스럽게 살자'가 저의 좌우명입니다."라고 말했다.

그렇게 원제 스님과 대화를 나눈 지 얼마 지나지 않아 눈이 내리기 시작했다. 눈발은 점점 굵어지고 어느새 함박눈이 되었다. 눈이 쌓이니 걱정이 태산이었다. 눈길에 잘 내려갈 수 있을까? 이제 막 눈이 쌓이기 시작했으니 조심히 내려가면 괜찮을 것 같았다. 보살님과 차에 타서 자신 있게 운전했다.

기어를 D에 두고 내려오는데 갑자기 내리막길에서 차가 멈추지 않는 것이었다. 수도암 오르는 길은 바로 옆이 낭떠러지인 아찔한 길이다. 멈추지 않는 차 안에서 할 수 있는 일은 다 했다. 사이드 브레이크도 올리고 브레이크도 계속 밟았다. 하지만 차는 계속 눈길을 미끄러져 내려갔다. 아! 어떻게 하지? 할 수 있는 일은 다 했다고 생각한 나는 마음속으로 '나무아미타불'만 염불했다. 인력으로는 되지 않으니, 내 삶이 이제 다한 것이라면 극락왕생이라도 하기를 기원했다. 그때 느꼈다. 내가 삶에 큰 미련이 없다는 것을. 죽어도 별로 아쉬울 것은 없으나, 옆에 있는 보살님께는 너무나 죄송했다.

별생각을 다 하던 그 순간 차가 내리막길 어느 지점에 저절로 멈

도선 국사가 창건하고
경허 스님이 중창했다고 전해지는 수도암 원경.

춰 섰다. 이것이 부처님의 가피인가? 보살님과 나는 얼른 차에서 내려 한쪽에 섰다. 눈은 계속 내려 수북이 쌓이고 있었다. 보험회사에 전화를 했지만 폭설로 올 수 없다고 했다. 원제 스님에게 전화해 도움을 요청했다. 스님은 수도암에서 제설차를 운전해 내려오면서 눈을 치웠고, 마을까지 내 차를 운전해 주었다. 나와 보살님은 다시 차에 타는 것이 두려워 눈길을 뽀드득 밟으며 마을까지 걸어 내려왔다. 다행히 마을에는 눈이 별로 쌓이지 않아 무사히 서울로 돌아올 수 있었다.

삶과 죽음을 오갔던 수도암에서의 경험은 강렬한 인상으로 내 기억 속에 남아 있다. 부처님의 가피로 이렇게 살아서 추억을 회상할 수 있음에 감사할 뿐이다. 그 후 봄에 수도암을 다시 찾았다. 고지대라 그런지 초봄에도 몹시 추웠다. 까마귀가 깍깍 울면서 다시 와서 반갑다고 인사를 건넸다.

수도암은 859년(신라 헌안왕 3)에 도선 국사가 수도 도량으로 창건한 사찰이다. 도선 국사가 수도암터를 발견하고 기쁨을 감추지 못해 7일 동안 춤을 추었다는 이야기가 전해진다. 이후 수도승들의 참선 도량으로 이름을 떨쳤으나 한국전쟁 때 전소된 뒤 1969년 도림법전 대종사가 중창했다. 법전 스님(1926~2014)은 대한불교조계종 제11, 12대 종정을 역임하신 큰 스승이다.

대적광전은 수도암의 중심 전각으로 1969년 중수됐으며 정면 3칸, 측면 2칸의 맞배지붕 형식이다. 안에는 보물로 지정된 석조비로자나불좌상이 모셔져 있다. 통일신라 시대에 조성된 높이 2.51m의 불상으로 위엄 있는 모습과 단정하고 강인한 인상을 준다. 전해지는 얘기로는 이 불상을 지고 오던 한 노스님이 칡덩굴에 걸려 넘어질 뻔하자 산신령에게 "불상을 넘어뜨릴 뻔하게 만든 칡덩굴을 없애라." 고 불호령을 내렸고 그 뒤로 지금껏 수도산에는 칡덩굴을 볼 수 없다고 한다.

대적광전 동편에 자리한 약광전에도 재미있는 이야기가 전한다. 직지사 약사전의 약사여래와 금오산 약사암의 약사여래, 수도암 약광전의 약사여래를 한 명의 석공이 제작한 후 형제를 맺어 주었는데 셋 중 한 석불이 하품을 하면 다른 두 석불은 재채기를 한다고 한다. 약광전에 모셔진 석조보살좌상(보물)은 도선 국사가 조성했다고 전해지는 고려 초기 불상으로 머리에 원통형의 관을 쓰고 있어서 보살상으로 불리지만, 수인과 광배, 대좌, 신체 표현이 여래상에 더 가깝다.

대적광전을 중심으로 동·서쪽에 서 있는 삼층석탑 역시 보물로 지정되어 있다. 859년 창건 당시 이 절터가 마치 옥녀가 베를 짜는 모습이라 하여 베틀의 기둥을 상징하는 뜻으로 두 탑을 세웠다고 전해진다. 동탑은 1층 몸돌의 위가 좁고 감실을 둔 점이 특징이고, 서탑은 지붕돌 밑의 간격과 지붕돌이 넓다는 것이 이색적이다. 탑 사이에는 석등과 '창주도선국사'라고 새겨진 돌기둥이 있다.

정각암은 수도암에서 가장 큰 수행처다. 조계종 종정과 방장, 총무

대적광전에 모셔진 석조비로자나불좌상(보물).
도선 국사가 조성했다고 전해지는 약광전 석조보살좌상(보물).

수도암의 푸른 기와가 햇빛에 반짝이는 모습이 마치
파르라니 깎은 스님의 머리 같다.

원장이 배출된 청정한 수행처로 유명하다. 송광사 방장 구산 스님과 석종사 조실 혜국 스님, 대표적인 선승이신 고우 스님을 비롯한 많은 선지식이 이곳에서 정진하고 힘을 얻으셨다고 한다.

수도암의 모든 전각의 지붕은 청기와로 이루어져 있다. 푸른 기와가 햇빛에 반짝이는 모습이 마치 이제 막 파르라니 머리를 깎은 스님 같기도 하다. 나한전 안에는 석가모니불을 주불로 과거의 제화갈라보살, 미래의 미륵보살 그리고 16나한이 모셔져 있다. 나한전에 얽힌 전설도 흥미롭다. 한 스님이 거창에서 공양미를 메고 수도산을 넘어오는데 동자승이 나타나 "수도암의 스님이 공양미를 받아 오라고 해서 왔습니다."라며 쌀가마니를 메고 나는 듯 산을 넘어갔다. 뒤따라 수도암에 도착해 보니 쌀가마니는 마루에 있는데 방금 보았던 동자승이 보이지 않았다. 스님들에게 자초지종을 이야기했더니 고개를 끄덕이며 나한전으로 데리고 갔는데 나한상의 어깨에 지푸라기가 묻어 있었다고 한다.

나한전을 지나 법전대로 가는 길은 산책하기에 참 좋다. 참선하는 스님들이 가장 좋아하는 포행길이라고 한다. 사방이 트여 산세가 한눈에 보이는 전망 좋은 곳이다. 평평하고 너른 바위 위에서 정진하시던 법전 큰스님의 모습이 눈에 그려진다.

어느 한 수행자가 조주종심 선사를 찾아가서 물었다.

"모든 것을 버리고 한 물건도 가져오지 않을 때는 어찌해야 합니까?"

"모두 다 내려놓아라."

"이미 한 물건도 가지고 오지 않았는데 무얼 내려놓으라는 말입니까?"

"그렇다면 짊어지고 가거라."

－『전등록』중에서

　방하착(放下着), 모든 것을 내려놓아라. 그것은 진정 '내려놓았다'는 생각마저 내려놓는 것이겠지. 나는 수도암에서 온몸으로 생과 사가 둘이 아니라는 것을 체험했다. '나'라는 것이 오온(五蘊)으로 인연 따라 모여진 존재라는 것. 결국 우리가 죽음에 이를 때는 가져갈 무엇도 없다는 것. 빈손으로 왔다가 빈손으로 간다는 공수래공수거(空手來空手去)를 깨닫는다. 언제든지 죽음을 맞이할 수 있으니 삶의 매 순간을 소중히 여기고 오늘이 마지막인 것처럼 최선을 다해야겠다.

'무여 스님 TV'
수도암 편
바로 보기

김천 수도암　　경북 김천시 증산면 수도리 510
　　　　　　　　054-437-0700

함께 볼 만한 곳

국립김천치유의숲

김천 증산면 수도산 자락에 있는 국립김천치유의숲은 7만m²에 이르는 울창한 자작나무 숲이 조성되어 있어 산림욕을 즐기기에 좋다. 가볍게 걸으며 산책할 수 있는 둘레길부터 높은 난도의 등산로까지 4개의 숲길 코스가 마련되어 있다. 숲속요가와 음이온 호흡명상, 오감명상 등 다양한 산림치유 체험프로그램도 진행한다.

화순 운주사

오래전부터 '천불천탑 운주사'에 대한 이야기를 많이 들었지만 가볼 기회가 닿지 않았다. 드디어 운주사에 가게 된 날, 새벽길을 달리는 마음이 여느 때와 달리 무척 설렜다. 운주사는 전남 화순군 화순읍에서도 서남쪽으로 약 26km 지점에 있다. 천태산을 중심으로 동쪽에는 개천사, 서쪽에는 운주사가 있다.

운주사(雲住寺)는 통일신라 말 도선 국사가 풍수지리에 근거해 비보(裨補) 사찰로 세웠다고 전해진다. 비보 사찰이란 '돕고 보호한다'는 의미로, 강한 곳은 부드럽게 하고 허한 곳은 실하게 함으로써 자연의 흐름에 역행하지 않으면서도 국가와 중생의 이익을 도모하고자 한 도선 국사의 지혜가 담긴 절을 말한다.

도선 국사가 우리나라의 지형을 배[舟]로 보고, 배의 중간 부분에 해당하는 호남 땅이 영남 땅과 비교해 산이 적어 배가 한쪽으로 기울 것을 염려해 이곳에 천불천탑을 하룻낮 하룻밤 사이에 도력으로 조성했다는 전설이 전해진다. 운주사라는 이름은 '움직이는 배 모양의 땅'이라는 데서 비롯되었다. 이 전설을 뒷받침하듯 절에서 멀지 않은 춘양면에는 돛대봉이 있는데, 이곳에 돛을 달고 절에서 노를 젓는 형세라 한다. 절을 지을 때 신들이 회의를 열었다는 중장터가 멀지 않고, 신들이 해를 묶어 놓고 작업했다는 일봉암(日封巖)도 가까이에 솟아있다.

운주사 홈페이지에 따르면 1984~89년 진행된 발굴조사에서 금동불입상을 비롯해 순청자, 상감청자, 분청사기의 파편과 기와편 등이 출토됐고 이를 바탕으로 늦어도 11세기 초인 고려 초기에 건립되었을 것으로 추정하고 있다. 『동국여지지』에 고려 혜명 스님이 1,000여 명과 함께 천불천탑을 조성했다고 기록되어 있는데, 혜명 스님은 970년(고려 광종 21) 관촉사 대불을 조성한 혜명 스님과 동일인으로 보고 있어 운주사가 고려 초에 건립되었음을 뒷받침하고 있다. 여러 기록으로 볼 때 운주사는 조선 초기까지 존속했으나 정유재란 때 폐사되었고, 1800년경 자우 스님이 무너진 불상과 불탑을 세우고 약사전 등을 중건하여 현재에 이르고 있다.

드디어 운주사에 도착했다. 일주문 앞에는 '영귀산 운주사'라는 현판이 걸려 있고 가운데에 거북상이 있다. 뒤편에는 '천불천탑도량'이라고 적혀 있다. 늠름한 소나무들 사이로 노란 개나리가 삐쭉이 얼

천불천탑도량 운주사에 초봄의 기운이 싹트고 있다.

굴을 내밀고 있다. 늦겨울과 초봄의 기운이 동시에 느껴진다. 이렇듯 계절의 변화를 통해 세월이 참 빠르고 끊임없이 변화한다는 가르침을 배우게 된다. 졸졸 정겹게 흐르는 개울물과 아름다운 햇살이 축복을 내려주는 듯한 행복한 마음으로 운주사 경내로 향한다.

운주사 입구에 세워진 구층석탑은 보물로 지정되었으며, 커다란 바윗돌로 바닥돌과 아래층 기단을 삼고 그 위로 9층에 이르는 탑신을 세운 모습이다. 위층 기단의 가운데 돌은 4장의 널돌로 짜였으며, 네 모서리마다 기둥 모양을 새긴 후 다시 면 가운데에 기둥 모양을 굵게 새겨 면을 둘로 나누어 놓았다. 또한 기단의 맨 윗돌은 탑신의 1층 지붕돌로 대신하고 있는 점이 특이한데, 운주사의 모든 탑이 이러하여 고려 시대로 오면서 나타난 특징으로 보인다. 탑신의 각 몸돌에는 면마다 2중으로 마름모꼴을 새기고, 그 안에 꽃무늬를 둔 수법은 운주사 석탑에서만 볼 수 있다. 각 지붕돌에도 여러 겹의 빗살무늬가 조각되어 있다. 꼭대기에는 원기둥 모양으로 다듬은 돌과 보륜이 올려져 머리 장식을 이루고 있다.

불감이란 불상을 모시기 위해 만든 집이나 방을 뜻하는 것으로, 일반적인 건축물보다는 그 규모가 작다. 석조불감은 건물 밖에 만들어진 감실의 대표적 예다. 지붕은 팔작지붕 형태이며, 팔매석으로 이루어졌고, 굵은 용마루가 수평으로 설치되어 있다. 불감의 평면은 방형으로 평평한 기단석 위에 5매의 판석을 이용하여 짜 맞춘 단상이 있고, 그 위에 1매의 갑석이 있는데 각 면에 13엽의 앙련(仰蓮)이 음각

운주사는 통일신라 말 도선 국사가 풍수지리에 근거해
비보(裨補)사찰로 세웠다고 전한다.

도선 국사가 불사를 감독했다고 전하는
불사바위에서 바라본 운주사 전경.

운주사 와불이 일어나는 날 새로운 세상이 열린다고 한다.

되어 있다. 불감 안에는 1매의 판석을 세워 공간을 둘로 나누었다. 상단은 터져 있고, 양쪽에 화염문(火炎文)이 조각되어 광배 역할을 하고 있다. 양 측면은 1매 석을 세워 벽체를 구성하고 전면은 좌우의 벽체로 막혀 있고, 중앙은 열려 있는데 문설주 부분에 여닫이문 시설로 보이는 구멍이 상단 좌우에만 있다. 감실 안에는 2구의 석불 좌상이 벽을 사이에 두고 서로 등을 대고 있다. 매우 희귀한 모습이라 귀중한 자료적 가치를 지니고 있다.

대웅전과 지장전을 참배하고 그 옆에 산신각, 미륵전, 마애여래 좌상, 불사바위로 가는 계단을 오르다 보면 발형다층석탑(鉢形多層石塔)을 만나게 된다. 주판알 같은 모습으로 사각형, 원형, 원구형의 다양한 모양이 한곳에 응집된 조화롭고 독특한 탑이다. 그 위로 올라가면 미륵전을 지난다. 미륵전 안에 들어가면 연꽃을 들고 계신 부처님의 온화한 미소를 볼 수 있다. 원반형석탑과 사층석탑을 지나면 마애여래좌상이 있다. 마애불은 거대한 바위에 새겨진 고려 시대 불상이다. 이 큰 불상을 제작한 사람들의 간절한 기도 소리가 지금도 들리는 듯하다.

드디어 불사바위에 도착했다. 불사바위라는 이름은 도선 국사가 이곳에 앉아 운주사를 내려다보며 불사를 감독했다고 해서 붙여진 것이다. 어쩜 이리 넓고 평평한 바위가 맞춤하게 자리를 차지하고 있는 것일까. 도선 국사가 이 바위에 앉아 불사를 지켜보는 모습을 상상해 본다. 산속 우뚝한 바위에 서 있으니 마치 우주의 중심에 있는 듯한 착각이 든다. 맑고 상쾌한 공기를 원 없이 마시며 여유를 즐겨본다.

불사바위에서 휴식을 취하고 다시 산길을 오르내리며 천불천탑을 살펴본다. 이제 천불천탑 중 마지막 불상이자 큰 바위에 나란히 누워 있는 부처님을 뵙는다. 도선 국사가 하룻낮 하룻밤 사이에 천불천탑을 세워 새로운 세상을 열어 보고자 했으나, 공사가 끝나갈 무렵 일하기 싫어한 동자승이 '꼬끼오' 하고 닭 우는 소리를 내는 바람에 석수장이들이 모두 날이 샌 줄 알고 하늘로 가버려 결국 와불(臥佛)로 남게 되었다고 한다. 이 때문에 이 불상을 일으켜 세우면 세상이 바뀌고 1,000년 동안 태평성대가 계속된다는 전설이 전한다.

와불 앞에서 합장하고 간절히 기도한다. '부처님의 자비와 지혜 광명으로 새 세상이 열릴 수 있길 기원합니다.' 부처님께서 사람들의 간절한 염원을 들으시고 벌떡 일어나실 것만 같은 기분 좋은 상상을 하며 조금 더 운주사를 둘러본다. 은은한 미소를 짓고 계신 부처님 옆에 살짝 몸을 기대 본다. 혹시나 부처님의 숨결을 느낄 수 있지 않을까 싶어서다. 오랜 세월 이 자리를 지켜온 부처님께서 '말 없는 법문'을 설해 주시는 것 같다. 부처님 품이 따뜻하다.

마지막으로 북두칠성을 상징하는 칠성바위 앞 칠층석탑을 보았다. 사실 부처님과 탑이 너무 많아서 하나하나 자세히 볼 수는 없었다. 미련이 남지만 다음에 또 오리라 다짐하며 아쉬움을 달랜다.

『관불삼매경』에는 이런 말씀이 있다. "내가 열반한 뒤에 나의 형상을 조성하거나 그림으로 그려서 사람들이 그것을 보고 환희심을 내게 한다면, 능히 항하사겁(恒河沙劫)의 나고 죽는 죄를 멸할 수 있느니라." 불상과 불탑을 조성하는 일은 죄를 멸하고 공덕을 짓게 할 뿐만 아니라, 후세에까지 소중한 문화유산으로 남겨져 사람들에게 환희심과 기쁨을 준다. 평소 볼 수 없었던 수많은 불상과 불탑이 인상적인 운주사에서 느낀 신심과 경외심이 오래오래 마음에 남을 것 같다.

'무여 스님 TV'
운주사 편
바로 보기

사찰 정보

화순 운주사　　전라남도 화순군 도암면 천태로 91-44
061-374-0660
템플스테이 운영

함께 볼 만한 곳

화순고인돌유적

화순고인돌유적은 2000년 12월 고창, 강화의 고인돌유적과 함께 유네스코 세계유산에 등재됐다. 화순고인돌유적은 영산강 지류인 지석강 주변에 형성된 넓은 평야를 배경으로 청동기 시대인 3,000년~2,500년 전에 축조된 것으로 보인다. 보검재 계곡을 따라 596기의 고인돌이 밀집되어 있다.

진안 마이산 탐사

|

신비로움으로
가득한 사찰

우리나라에는 멋진 산이 참 많다. 특히 명산에는 명찰이 있기 마련이다. 봄 여름 가을 겨울 어느 계절에 가느냐에 따라 산은 다른 느낌으로 다가온다. 바람 불고 추운 어느 날, 나는 마이산으로 향했다.

전라북도 진안군 진안읍에 있는 마이산은 도립공원이자 대한민국 명승 제12호로 지정되어 있다. 약 1억 년 전인 중생대에는 이 지역 전체가 담수호였다가 7,000만 년 전 지각변동이 일어나 지금의 마이산이 되었다고 한다. 자연은 위대하고 신비롭다. 호수가 산이 되고, 바다가 대륙이 되기도 하니 말이다.

시대에 따라서 마이산은 이름이 달리 불렸다. 신라 시대에는 당시 수도였던 경주의 서쪽에서 가장 이로운 산이라 하여 서다산(西多山), 고려 시대에는 하늘로 용솟음치는 힘찬 기상을 상징한다고 하여 용

출산(湧出山)이라 불렸다. 고려 말에는 속금산(束金山)이라 불리다가 조선 태종이 산이 말[馬]의 귀[耳]를 닮았다고 하여 마이산이라 이름했다고 한다.

　재미있는 것은 계절별로도 달리 불린다는 점이다. 봄에는 우뚝 솟은 두 봉우리가 마치 바다에 떠 있는 배의 돛대와 같다고 하여 돛대봉, 여름에는 하늘을 향해 높이 솟은 형상이 용의 뿔과 같다고 하여 용각봉, 가을에는 단풍과 바위의 형상이 말의 귀와 같아 마이봉, 겨울에는 하얀 눈 위에 솟은 봉우리가 먹물을 찍은 붓과 같다 하여 문필봉이라 부른다고 한다. 먹물을 찍은 붓이라니, 참 아름다운 표현이다. 어느 계절이든 다른 매력으로 다가올 것 같은 마이산이다.

　마이산에는 신비한 탑사가 있다. 마이산 서쪽 봉우리인 암마이봉의 수직 벽이 올려다보이는 골짜기에 탑사가 자리 잡고 있다. 입구부터 수많은 돌탑이 쌓여 있어 심상치 않은 기운이 느껴진다.

　마이산 탑사는 한국불교태고종에 소속된 사찰로 전라북도기념물로 지정되어 있다. 탑사를 건립한 분은 이갑룡 처사(1860~1957)로 생전에 수많은 일화를 남겼으며 인근 주민들에게는 전설적인 인물로 기억되고 있다. 이 처사는 유·불·선 삼교에 바탕을 둔 용화세계의 실현을 꿈꾸었다고 한다. 이곳에 들어와 30년을 한결같이 낮에는 돌을 나르고 밤에는 기도하는 마음으로 탑을 쌓았다. 사람들의 죄를 참회하고 창생(蒼生)을 구하고자 탑을 쌓으면서 수행과 기도를 한 것이다. 수많은 탑을 보며 과연 한 사람이 쌓은 것인가, 하는 생각이 들었

마이산 암마이봉의 수직 벽이 올려다보이는 골짜기에 자리 잡은 탑사.

다. 볼수록 놀랍다. 사람의 힘은 무한하고 마음만 먹으면 안 되는 것이 없다는 사실을 다시금 느낀다.

우리나라 사람들은 탑 쌓는 것을 좋아한다. 돌이 보이면 소원을 빌며 탑을 만든다. 행여라도 소원을 이루어 줄 돌이 떨어질까 염려하며 조심스럽고 간절한 마음으로 쌓는다. 아슬아슬 올려진 돌이 무너지지 않으면 소원이 이루어질 거라는 믿음을 가지는 것이다. 돌탑을 볼 때마다 이 많은 돌을 누가 쌓았을까, 탑을 쌓은 사람들의 소원은 이루어졌을까, 늘 궁금하다.

탑사 입구에 사물각이 보인다. 범종, 법고, 목어, 운판의 사물이 있는 전각이다. 탑사에 들어서면 제일 앞줄 왼쪽부터 순서대로 월광탑, 약사탑, 일광탑이 있다. 월광탑과 약사탑 뒤쪽으로 영신각이 있고 중앙에는 중앙탑, 대웅전 뒤로는 천지탑이 있다. 드라마 촬영지 안내판 바로 뒤에 일광탑이 있다. 일광탑은 나도산의 정기를 받아 쌓아 올린 탑으로 만물의 이치가 시작함을 의미한다. 생명 탄생의 존귀함을 나타내고 자연의 기본 섭리를 말한다. 이곳에서부터 일출이 시작되기 때문이다.

그다음 왼쪽으로 약간 기울어져 있는 탑이 보인다. 마치 피사의사탑같이 쓰러질까 아슬아슬하다. 왼쪽 암벽에서 나오는 강한 음기(陰氣)를 막기 위해 일부러 기울여 쌓았다고 한다. 아픈 사람의 병을 낫게 해주는 약사여래불이 계시듯, 이 탑의 이름도 몸과 마음의 병을 치유해 준다는 뜻의 약사탑이다.

탑사 돌탑은 천연석을 그대로 이용해 쌓은 것이다. 사진은 중앙탑 모습.
이갑룡 처사가 쌓은 80여 개의 돌탑이 장관을 이룬다.

돌 하나하나를 쌓아 올린 정성과 노력이 오늘날의 탑사를 만들었다.

　　중앙탑은 중앙에서부터 동서남북으로 힘을 뻗어 간다. 가장 높은
탑이자 바람에 흔들리면서도 절대 무너지지 않는다고 해 흔들탑이
라고 부른다. 중앙탑 오른쪽에는 용궁샘이 있다. 이갑룡 처사가 물을
마시기 위해서 직접 판 우물로 그 뒤에는 천연기념물 줄사철나무가
있다.

월광탑, 약사탑 뒤로 보이는 영신각으로 향한다. 이곳은 석가모니불, 관세음보살, 지장보살이 모셔진 전각이다. 영신각 옆 암벽에는 능소화가 자라고 있다. 어쩜 이리 두꺼운 암벽을 타고 올라갈 수 있을까? 강인한 생명력을 느낀다. 이 능소화는 여름에는 아름다운 꽃을 피운다고 한다. 능소화 옆에는 석등 두 개가 있고 미륵존불이 모셔져 있다. 귀여운 풍산개 한 마리가 탐사를 내려오면서 반갑다고 꼬리를 흔든다. 안녕? 나도 반갑게 인사한다. 마음속으로 '발보리심(發菩提心)' 하고 축원한다.

가장 높은 곳에 있는 천지탑으로 향한다. 1930년경 이갑룡 처사가 만 3년간의 고생 끝에 완성한 탑이다. 바라보는 쪽에서 왼편에 있는 탑이 음탑(陰塔), 오른편에 있는 것이 양탑(陽塔)이다. 이 탑은 다원형으로 돌아 올라가면서 쌓았다. 상단부 삼각형 부근에 있는 조그마한 돌들이 완충 역할을 하고 작은 돌들이 서로 뭉쳐 탑신을 지켜준다. 넓은 판석은 하루에 한 덩어리씩 올렸고, 맨 꼭대기 돌은 백일기도 후 올렸다고 한다. 마지막 꼭대기에 돌을 올릴 때, 얼마나 정성스럽고 간절한 마음이었을까? 그 염원이 느껴지는 신비로운 탑이다. 탑 주변의 일자 탑은 천지탑을 보호하는 33신장군탑이다.

천지탑 앞에 있는 다섯 기의 일자형 탑은 오방탑이다. 오행을 상징하며 '인간은 하늘 아래로 내려오고 땅에 서고 사대(四大, 지수화풍)에서 태어나 다시 사대로 돌아간다'는 뜻이 담겨 있다. 이렇게 탑을 다 돌아보고 나오며 월광탑을 마주한다. 이 탑은 암마이산의 정기를 받아 쌓아 올린 탑으로 끝을 의미한다. 이갑룡 처사의 초기 작품으로 추정된다.

산 자체도 신비로운데, 그 앞에 우뚝 세워진 여러 탑들을 보며 형언할 수 없는 경이로움을 느낀다. 돌 하나가 있을 때는 그냥 보잘것없는 존재인데 이렇게 모이고 모여서 거대한 탑을 이루게 되었다. 서로서로 빈틈을 채우고 의지하면서 버티는 모양이 마치 우리 삶과 같다는 생각이 든다. 우리 역시 태어나 살아가는 동안 혼자가 아니라 서로 도움을 주고받으며 의지하고 버티고 견디어 내지 않는가.

마이산 탑사에서는 감탄사가 끊이지 않았다. 돌 하나하나를 쌓은 정성과 노력을 짐작이나 할 수 있을까, 하는 마음과 함께 우공이산(愚公移山)이라는 말이 떠올랐다. 90세의 우공은 태행산과 왕옥산이 마을을 가로막아 사람들이 불편을 겪는 것을 보며 가족들과 함께 산을 퍼서 바다에 버리는 일을 시작했다. 사람들의 비웃음에도 우공은 "내가 못 이루면 내 아들이 이을 것이고, 내 아들이 못 이루면 내 손자가 할 것이다."라고 말하며 의지를 불태웠다. 이것을 본 산신령이 천제에게 아뢰자, 천제는 우공의 노력과 정성을 가상하게 여겨 두 산을 옮겨서 우공의 뜻을 이루게 해주었다. 단번에 일이 처리되기를 바라는 사람들에게 교훈이 되는 이야기다. 우공의 우직한 마음과 탑사를 세운 이갑룡 처사의 마음이 같으리라 생각한다.

인내와 끈기, 정성과 노력으로 이룰 수 없는 일은 없다. 실패와 좌절을 맛보기도 하겠지만 끝까지 포기하지 않는다면 원하는 바를 성취할 수 있다. 마이산 탑사에서 무슨 일이든 시작했으면 끝까지 최선을 다하겠다는 굳은 각오와 원력을 다져 본다.

'무여 스님 TV'
마이산 탑사 편
바로 보기

사찰 정보

진안 마이산 탑사 전라북도 진안군 마령면 마이산남로 367
063-433-0012

함께 볼 만한 곳

진안가위박물관
가위의 역사를 한눈에 볼 수 있는 이색 박물관이다. 용담댐 수몰 지역인 수천리 고분에서 고려시대의 가위 5점이 출토되었고, 이를 계기로 진안군이 2016년 가위박물관을 개관했다. 고려 시대 대표 철제가위를 비롯해 동서양의 희귀 가위 1,500여 점이 전시되어 있다.

순천 송광사

|
스님들이
보물인
사찰

구도자들의 발걸음이 끊이지 않는 곳이자 스님들이 보물인 사찰, 순천 송광사로 향한다. 불교에서 삼보(三寶)란 부처님, 부처님의 가르침, 부처님의 가르침을 배우고 전하는 스님들이다. 우리나라에는 삼보사찰이 있다. 불보사찰인 양산 통도사는 자장 율사가 중국 유학을 마치고 불경과 불사리를 가지고 귀국해 금강계단을 조성한 사찰이다. 부처님의 사리가 모셔져 있기에 불보사찰이다. 법보사찰은 부처님의 가르침인 팔만대장경을 모신 장경각이 있는 합천 해인사다. 승보사찰은 순천 송광사다. 보조 국사 지눌 스님을 비롯해 조선 초기까지 16명의 국사가 배출된 사찰이기 때문이다.

송광사가 위치한 조계산은 해발 887m의 산세가 험하지 않고 부드러운 산이다. 맑은 물이 흐르는 계곡과 울창한 숲, 폭포 등이 있어

경관이 아름답다. 조계산 동쪽에는 선암사가, 서쪽에는 송광사가 있다. 송광사 일대는 모후산과 만수봉에 병풍처럼 둘러싸여 있다. 산의 옛 이름은 송광산(松廣山)이었는데, 송광사 이름에서 옛 산의 흔적을 찾을 수 있다. 이곳에 소나무가 많아서 '솔메'라고 불렀고, 거기에서 유래한 산 이름이 절 이름으로 바뀌게 되었다.

송광사는 신라 말 혜린 대사가 창건한 사찰이다. 당시 이름은 길상사로 작은 규모의 절이었다. 길상사가 한국 불교의 중심으로 주목받게 된 것은 보조 국사 지눌 스님이 정혜결사(定慧結社)를 이곳으로 옮기면서부터다. 정혜결사는 지눌 스님이 1190년 대구 팔공산 거조사(현 동화사 거조암)에서 '권수정혜결사문'을 써서 제방에 보내면서 시작됐다. 처음에는 3~4명으로 시작된 정혜결사는 거조사에서 약 7년간 계속된다. 그 후 많은 사람이 모여들자 길상사로 자리를 옮겨 결사를 이어갔다. 이때 고려 희종이 길상사를 수선사로, 송광산을 조계산으로 개명했다. 이후 지눌 스님은 수선사에서 10년간 주석하며 불교 수행의 모범을 보이셨고, 진각 국사가 그 법맥을 이어받아 조선 초기에 이르기까지 16명의 국사를 연이어 배출하며 승보사찰로서의 위상을 굳건히 지켜 왔다.

송광사에 도착하니 사찰이 유달리 고요하고 적막하게 느껴졌다. 스님들이 안 계시나? 생각할 정도다. 가장 먼저 만난 청량각은 계곡 물이 굽이치는 지점에 무지개다리를 쌓은 후 그 위에 조성한 것이다. 계곡 물소리, 바람 소리, 새소리를 들으면서 편백나무 숲길로 들어선다. 마치 다른 세계에 온 듯한 착각이 들 정도로 맑고 상쾌한 공기가 느껴진다.

조선 후기 건립한 일주문에는 힘 있는 글씨체로 '조계산 대승선 종 송광사, 승보종찰 조계총림, 참선하는 수행 도량 송광사'라는 문구 가 쓰여 있다. 일주문 앞에 서 있는 나무는 고향수다. 이 고향수는 보 조 국사 지눌 스님이 절 입구에 꽂은 지팡이라고 전해지는데 1,200 년 동안 한 번도 그 위엄을 잃은 적이 없다. 오랜 세월 이 자리에서 송 광사를 지켜 주고 있는 듯하다. 지눌 스님이 다시 송광사를 찾아오실 때 나무가 살아난다는 전설이 있는데, 언제쯤 다시 살아날까? 고향 수에 생기가 돌고 환희롭고 기쁜 날이 오지 않을까? 즐거운 상상을 해본다.

다음으로 작은 전각 두 곳이 있는데 송광사에만 있는 건물이 아닐 까 싶다. 바로 죽은 이들의 혼을 실은 가마가 사찰에 들어가기 전, 속 세의 욕망과 허물을 씻는 곳이다. 조선 중기에 세워진 건물인데 세월 각은 여자의 혼을 실은 가마가, 척주각은 남자의 혼을 실은 가마가 들어간다.

경내로 가는 연못에는 무지개다리와 삼청교(일명 능허교)가 있고 그 위에 세워진 건물이 우화각이다. 능허교는 조선 숙종 대에 만들 어졌으며 삼청교라고도 불린다. '능허(凌虛)'는 '허허로운 하늘로 오 른다'는 뜻이고, '삼청(三淸)'은 옥청(玉淸), 상청(上淸), 태청(太淸)으로 신선이 사는 곳을 일컫는다. 둘 다 불국(佛國), 즉 이상향으로 가는 다

능허교 아래에는 다리를 지을 때 사용하고 남은
엽전을 매달아 놓았다.

보조국사 지눌 스님이 절 입구에 꽂은 지팡이라고 전해지는 고향수.

리를 상징한다. 다리 아랫부분을 19개의 장대석으로 짜 올려 반원형의 아름다운 홍예를 이루고 있다.

능허교 아래 홍예 한가운데는 수면을 향해 튀어나온 용머리 석상이 있다. 이는 수살막이, 즉 계곡물의 음습한 기운을 용이 차단하는 역할을 한다. 용머리 입 부분에는 엽전이 꿰어져 매달려 있다. 이는 능허교를 놓을 때 시줏돈을 받았는데, 다리를 완공한 후 남은 엽전을 매달아 놓은 것이다. 반듯한 수행자의 모습을 기억하기 위함이리라. 아무리 봐도 이곳은 송광사의 백미다. 반대편에서 우화각과 침계루, 임경당을 보고 있으면 시간 가는 줄 모른다. 왜 수많은 시인, 묵객이 이곳에 멈추어서 극찬을 아끼지 않았는지 알 것 같다.

우화각과 맞닿아 있는 천왕문에는 사천왕상이 있다. 송광사 소조 사천왕상(보물)은 흙으로 조성한 것으로 천왕문 좌우에 2구씩 모두 4구가 모셔져 있다. 천왕문 오른쪽으로 비파를 든 북방 다문천왕과 검(劍)을 든 동방 지국천왕이, 왼쪽으로는 당(幢)을 든 서방 광목천왕과 용·여의주를 든 남방 증장천왕이 시계방향으로 안치되어 있다. 서방 광목천왕상의 지물에 보탑 대신 새끼 호랑이가 등장하는 등 새로운 도상을 보여 주어 학술적 자료로서도 그 가치가 크다.

중심 전각인 대웅보전으로 향한다. 정면 7칸, 측면 5칸의 108평 규모의 대웅보전은 규모가 압도적이다. 새벽마다 대웅보전에 스님들이 모여 예불하는 웅장한 소리와 위엄 있고 여법한 모습은 환희롭다. 그것 또한 송광사를 장엄하고 있는 보물이다. 과연 승보사찰이라는 생각에 고개가 끄덕여진다.

대웅보전 안에는 현세 석가모니불, 과거 연등불, 미래 미륵불이 있다. 또 보현보살, 문수보살, 관세음보살, 지장보살의 4대 보살이 불상 사이에 모셔져 있다. 벽화를 천천히 들여다보면 스님들이 참선 수행하는 모습도 보인다. 한 폭의 그림에는 석가모니불을 중심으로 역대 33조사와 한국의 16국사가 있다.

송광사 3대 명물 중 하나인 비사리구시는 느티나무로 만든 대형 용기다. 보성군 봉갑사 근처 마을에 있던 느티나무 고목으로 만든 초대형 그릇으로 18세기 후반에 만들어졌다고 전한다. 한 번에 4,000명 분량의 밥을 담을 수 있다고 하니, 송광사에 얼마나 많은 스님이 계셨을지 상상해 보게 된다. 부처님과 부처님의 가르침이 아무리 훌륭해도 그 가르침을 깨우치고 전법하는 스님들이 계시지 않았다면 법은 전해지지 못했을 것이다.

응진전은 1951년에 발생한 대화재를 모면한 건물로 1623년(인조 1년)에 지어졌다. 정면 3칸, 측면 4칸의 맞배지붕 형태이며 내부에는 석가모니불과 16나한을 봉안했다. 동쪽 벽 후불탱화는 보물로 지정되어 있다. 1724년(경종 4년) 화승 의겸이 그린 것으로 오른쪽의 탱화는 1725년, 왼쪽의 탱화는 같은 시기에 회안 등에 의해 조성됐다.

국사전은 승보사찰인 송광사의 가장 중요한 전각이다. 십육조사 진영(보물)은 1780년(정조 4)에 안치된 것으로 보존 상태가 양호하며 조선 중기 불교 초상화 기법을 알 수 있는 귀중한 자료다. 보조 국사

18세기 후반 느티나무로 만들어진 비사리구시에는
4,000명 분량의 밥을 담을 수 있다.

를 비롯해 진각 국사, 청진 국사, 고봉 화상 등 고려 후기에 활약했던
고승 열여섯 분의 진영을 볼 수 있다.

약사전(보물)은 송광사에서 규모가 가장 작은 법당으로 내부에는
약사여래상과 후불탱화가 봉안되어 있다. 영산전(보물) 내부에는 석
가여래 소조상을 비롯해 영산회상도와 팔상탱화가 봉안되어 있다.
관음전은 성수전이라 하여 1903년 고종 황제가 51세 생일을 맞아 편
액을 내린 황실 기도처로 건축되었다. 관세음보살 좌우에 그려진 태
양과 달이 고종 황제와 명성 황후를 상징하며 내부 벽화에는 문신들
이 허리를 굽히고 불단을 향해 서 있는 모습이 그려져 있다.

승보사찰인 송광사를 상징하는 승보전에는
부처님과 10대 제자, 16나한을 비롯한 1,250명의 스님이 모셔져 있다.

송광사는 풍경이 없고, 주련이 없고, 탑과 석등이 없다. 이것은 오직 마음을 밝히는 수행에만 전념하기 위한 송광사의 가풍을 드러내는 것이다. 삼보 중 스님들이 보배인 송광사에서 수행하는 눈 밝은 스님들의 고요하고 맑은 모습이 인상 깊다.

지눌 스님이 꽂아둔 고향수가 다시 살아나는 기적을 염원하며, 계율을 청정하게 지키고 선정과 지혜를 닦으라는 스님의 가르침을 가슴속 깊이 새기는 것으로 송광사 참배를 마친다.

'무여 스님 TV'
송광사 편
바로 보기

사찰 정보

순천 송광사 전라남도 순천시 송광면 송광사안길 100
061-755-0107
템플스테이 운영

함께 볼 만한 곳

와온해변

순천시 해룡면 상내리 와온마을에 있는 해변으로 낙조가 무척 아름답다. 한 스님이 인근 상봉우리에 있는 바위를 보고 소가 누워 있는 형상이고 산 아래로 따뜻한 물이 흐른다고 말해 와온(臥溫)이라 부른다고 한다. 고흥반도와 순천만, 여수시 율촌면 가장리에 인접해 있으며 앞바다에는 솔섬이라 불리는 작은 무인도가 있다.

평창 사자암

|
최고 명산에
자리 잡은
적멸보궁

큰 소리에 놀라지 않는 사자와 같이, 그물에 걸리지 않는 바람같이, 물에 젖지 않는 연꽃같이, 저 광야에 외로이 걷는 무소의 뿔처럼 홀로 가라.

초기 불교를 대표하는 경전 중 하나인 『숫타니파타』에 나오는 유명한 구절이다. 평소에 즐겨 읽고 좋아하는 구절인데, 어떤 상황에도 휩쓸리지 않고 자신의 길을 뚜벅뚜벅 걷는 수행자의 모습을 표현하고 있다. 흔들리지 않고 피는 꽃이 없고, 비바람에도 단단하게 뿌리를 내리는 나무가 오래 버티듯, 역경과 곤란 속에서도 중심을 잃지 않고 살아야 한다. 겨울은 어떠한 어려움이 다가오더라도 이겨내고 헤쳐 나가야 한다는 강인함을 길러주는 계절이다. 내공을 쌓아 이 겨

사자암 적멸보궁 오르는 길에 만난 다람쥐.

울도 잘 이겨 내리라 다짐하며 오늘도 뚜벅뚜벅 사찰로 향한다.

오늘 찾아갈 곳은 『삼국유사』에서 국내 최고 명산으로 기록된 오대산이다. 오대산 동쪽 계곡의 울창한 수림 속 만월산의 정기를 고요히 머금고 있는 월정사는 전나무 숲길이 하늘을 찌르고도 남는 당당한 기상이 서린 사찰이다. 이곳에서 차로 한참을 들어가면 상원사가 나오고, 상원사에서 40분 정도 걸어가야 닿을 수 있는 곳이 사자암이다.

사자암으로 향하는 계단 하나 오를 때마다 번뇌 하나 소멸하고, 근심 하나 내려놓고, 욕심 하나 버린다. 눈앞에 계속 펼쳐지는 계단을 새소리, 물소리를 들으며 오르다 보니 마치 천상으로 가는 길처럼 느껴지기도 한다. 다행히 계단이 가파르지 않아 크게 부담스럽지 않다.

조선의 정치가이자 문신인 최석정(1646~1715)이 쓴 '상원사를 찾

오대산 다섯 봉우리의 중심인 중대에 자리 잡은 사자암 전경.

아 중대에 오르다'에는 "아득한 중대 어지러운 세상과 끊어졌으니 신선과 범부로 향하는 길, 여기서 갈라지네."라는 구절이 있다. 깍 깍거리는 까마귀 소리가 더 선명히 들리고 숨이 가빠질 무렵 해발 1,000m가 넘는 사자암에 도착했다.

오대산 다섯 봉우리의 중심인 중대에 적멸보궁의 일주문 같은 사 자암이 당당하게 서 있다. 산속에 폭 둘러싸인 전각은 오대를 상징하 는 5층탑의 형태를 하고 있다. 예전에 사자암에는 '중대향각(中臺香

閣)'이라는 편액이 붙어 있었다. 향각이란 부처님께 공양 올릴 향을 관리하는 집이라는 의미다. 좁은 터에 벼랑을 따라 건축한 5층 향각 형태의 사자암은 2006년 월정사 주지 정념 스님이 불사한 것이다.

천천히 살펴보자. 1층에는 해우소, 2층에는 공양간, 3층에는 기도 방, 4층에는 수행처, 5층에는 비로전이 있다. 비로전 앞에 서면 오대산이 한눈에 들어온다. 먼 능선 너머에 뭉게구름이 피어오르고 풍경소리가 가슴속 깊은 울림을 준다. 비로전 앞 계단 양쪽 난간에는 사자 두 마리가 '내가 동물의 왕이지.'라고 포효하듯 당당하게 서 있다. 사자암이라는 이름은 문수보살이 사자를 타고 다닌다는 데서 비롯되었다. 비로전 앞에 있는 석등 역시 한쪽은 네 마리의 사자가, 다른 한쪽은 네 마리의 코끼리가 받치고 있는 형상이다. 사자는 문수보살, 코끼리는 보현보살을 상징한다.

비로전 법당은 '중대향각'이라는 이름처럼 적멸보궁을 참배하는 대중들이 법신불에게 향을 올리는 곳이다. 『화엄경』의 주불인 비로자나불이 계시고 왼쪽에는 파란색 사자를 탄 문수보살이, 오른쪽에는 하얀색 코끼리를 탄 보현보살이 모셔져 있다. 비로자나불은 왼손 검지를 오른손으로 감싸고 있는 지권인(智拳印)의 수인을 하고 있다. 오른손은 법계를, 왼손은 중생을 뜻한다. 이 수인은 법으로써 중생을 구제한다는 뜻과 미혹과 깨달음은 본래 하나라는 가르침을 주고 있다.

비로자나불 앞에는 동자들이 합장하거나 연꽃을 들고 부처님께 정성껏 예를 올리고 있다. 이는 보천 스님과 효명 스님이 중대에서 비로자나불을 중심으로 1만의 문수보살을 친견했다는 이야기에서 유래한다. 벽체 사방 여덟 면에는 다섯 사자좌의 문수보살을 중심으로 상계에 오백문수보살상, 하계에 오백문수동자상 세계가 펼쳐진다. 사자 위의 보살과 연잎 위 동자는 하나의 거대한 예술 작품이다. 정교하고 아름다운 조각에 눈을 뗄 수 없다. 천장에는 하나씩 다른 그림을 그려 놓은 연등이 있어 감상하는 재미가 쏠쏠하다.

다시 계단을 올라 적멸보궁으로 향한다. 사자암 안내판에서 단원 김홍도가 18세기 말에 그린 '오대산 중대' 그림을 볼 수 있었는데, 오솔길로 이어진 중대 사자암과 적멸보궁이 운치 있게 묘사되어 있다. 적멸보궁으로 가는 길은 자장 율사의 발자취를 따라가는 것이다. 자장 율사는 중국 오대산 문수보살을 친견하기 위해 636년 당나라로 가서 정성껏 기도한 끝에 마침내 문수보살을 친견했고, 부처님의 정골사리를 받아 귀국했다. 우리나라의 5대 적멸보궁은 자장 율사의 깊은 수행과 원력에서 비롯되었다.

오대산을 가득 채우는 스님들의 독경 소리가 커질수록 적멸보궁에 가까워짐을 알고 더 신심과 환희심이 났다. 부처님 진신사리를 친견하러 가는 길은 본래의 자성불(自性佛)을 만나러 가는 길이기에 기쁘고 행복하다. 적멸보궁 자리는 백두대간에서 흘러나온 용맥의 정수, 즉 용의 머리에 해당한다. 계단 양옆에는 용이 구름을 타고 입에는 여의주를 문 모습이 길게 늘어서 있다.

어사 박문수(1691~1756)가 중대 적멸보궁에 와 보고는 "나는 승

비로전 법당은 '중대향각'이라는 이름처럼 적멸보궁을 참배하는
대중들이 법신불에게 향을 올리는 곳이다.

려들이 좋은 기와집에 살면서 편안히 남의 공양을 받는 이유를 알 수 없었다. 그런데 최고의 명당에 불사리를 모셨으니 잘될 수밖에 없다."라고 했다는 이야기가 전해진다. 부처님 진신사리를 모신 최고의 명당자리, 그곳은 하늘에 닿아 있는 고요하고 평온한 곳이다.

바람에 흔들리는 연등이 적멸보궁 마당을 가득 채우고 있다. 유달리 파란 하늘과 한쪽에 쌓인 눈이 아름답게 조화를 이루고 있다. 법당은 예상보다 작다. 부처님이 계셔야 할 자리에는 부처님을 상징하는 금빛 단과 붉은 좌복이 놓여 있다. 그 앞에는 사람들이 가지고 온 쌀, 과자, 물 등의 공양물이 정성껏 올려져 있다. 이 높은 곳까지 공양물을 가지고 온 정성이 부처님께 닿아 기도가 성취되길 기원한다.

적멸보궁 법당에는 부처님이 모셔져 있지 않지만 비어 있는 그 속에서 충만함을 느낄 수 있다. 아담한 법당에 가득 차 있는 부처님의 지혜와 자비 광명을 느낀다. 그 속에 둘러싸인 나는 너무나 평온하다. 법당 창문 뒤로 진신사리가 모셔진 곳이 보인다. 천연 지형 구조 안에 돌로 널방을 만들어 사리를 안치한 지하 궁전 구조로, 높이 84cm 정도의 소박하고 장엄한 사리탑이 있다. 탑면에는 5층 목탑 형상이 돋을새김되어 있는데 이는 진신사리를 모셔둔 곳이라는 증표다.

'고산제일월정사(高山第一月精寺) 야산제일통도사(野山第一通度寺)'라는 말이 있다. '높은 산의 터로는 오대산 중대의 적멸보궁이 첫째이고, 낮은 산지에서는 통도사의 금강계단이 제일'이라는 의미다. 사자암 적멸보궁에서 『금강경』의 한 구절을 떠올린다.

무릇 형상 있는 것은 모두 허망한 것이니, 모든 형상이 있는 것이 형상이 아닌 것을 알게 되면 곧 여래를 보게 되리라.

자장 율사의 염원과 중생의 간절한 소원이 만나는 곳, 사자암 적멸보궁에서 텅 빈 충만을 느낀다. 텅 비어 있는 듯 보이지만 사실 꽉 차 있고, 꽉 차 있는 듯 보이지만 본래 텅 빈 법이다. 삼라만상이 본래 그러하고 나 또한 그러하다.

'무여 스님 TV'
사자암 편
바로 보기

사찰 정보

평창 사자암　　강원도 평창군 진부면 오대산로 1211-92
　　　　　　　　033-333-4729

함께 볼 만한 곳

월정사 전나무숲길

월정사 일주문부터 금강교까지 이어지는 약 1km의 숲길로 전나무 1,700여 그루가 하늘 높이 뻗어 있다. 드라마 도깨비 촬영지로도 유명하다. 이곳의 전나무는 평균 나이가 약 83년에 달하며 수령이 370년이 넘는 나무도 있다. 월정사에서 시작해 상원사까지 이어지는 약 10km 구간은 '오대산 선재길'로 불리며 대부분 평지로 되어 있어 부담 없이 걷기 좋다.

여수 향일암

|
일출이 아름다운
관음성지

새벽 2시, 향일암으로 향한다. 일출을 촬영하기 위해서는 서둘러야한다. 전날 밤에 잠을 자는 둥 마는 둥 하고 새벽 1시부터 촬영 준비를 했다. 장비를 챙기고 따뜻한 겨울옷을 입었다. 새벽 산사는 무척춥기에 단단히 채비해야 한다. 6시간 만에 드디어 향일암에 도착했다. 나만 일찍 온 줄 알았는데 이미 많은 사람이 일출을 보기 위해 기다리고 있었다. '하루 전에 온 사람들인가?' 살짝 놀랐다.

향일암은 일출도 유명하지만 관음성지로도 널리 알려져 있다. 낙산사 홍련암, 남해 금산 보리암, 강화 보문사와 함께 국내 4대 관음성지로 손꼽힌다. 우리나라는 예로부터 관음신앙이 발달해서 슬플 때나 기쁠 때나 '관세음보살' 염불을 하는 사람들이 많다. 나 역시 슬프거나 괴로울 때, 초조하고 불안할 때 '관세음보살 관세음보살 관세음보살'하고 염불한다. 그러다 보면 어느새 관세음보살님이 곁에 계신 것 같아 마음이 편안해지고 근심, 걱정이 사라진다. 더 나아가서는 관세음보살과 합일되는 듯한 생각도 든다. 관세음보살은 중생의 소리[世音]를 보고[觀] 들어 구제해 주는 부처님이시다.

> 선남자여. 만일 한량없는 백천만 억 중생들이 온갖 괴로움을 받을 적에 이 관세음보살의 이름을 듣고 일심으로 관세음보살의 이름을 일컬으면 관세음보살이 곧 그 음성을 관찰하고 모두 괴로움에서 벗어나게 하느니라.
> ─『법화경』 제25품 「관세음보살보문품」 중에서

관세음보살을 일심으로 부르면 우선 일곱 가지 재난을 벗어나고 삼독(三毒, 탐내는 마음, 성내는 마음, 어리석은 마음)을 여의게 되고 복덕과 지혜를 구족(具足)한 자녀를 얻게 된다는 내용이다. 어렵고 힘든 시기에 간절한 마음으로 관세음보살을 염하여 재난과 고난이 모두 사라지길 기원한다.

겨울에는 해가 늦게 뜬다. 일출 시각인 오전 6시 30분에 맞춰 서둘러 촬영 준비를 마쳤다. 겨울 바다에서 불어오는 바람이 매섭고 차갑다. 손발도 꽁꽁 얼어붙는 것 같다. 그래도 바다에서 떠오르는 아름다운 일출을 볼 수 있으리라는 기대로 위안을 삼았다. 나무관세음보살.

국내 4대 관음성지 중 하나인 향일암은 최고의 일출 명소이기도 하다.

향일암 지형은 경전을 등에 지고 용궁을 향해 들어가는 거북의 형상이다.
절 곳곳에 거북 모양 조각이 있다.

곧 검푸른 바다에서 붉은빛이 보이기 시작했다. 드디어 일출이다. 묵었던 감정, 나쁜 일들은 모두 잊고 밝은 희망과 꿈을 안고 새 기운을 맞이한다. 아! 태양이 떠오르는 이 순간. 오래오래 간직하고 싶다. 태양처럼 부처님의 지혜와 자비의 광명이 두루 세상을 비추길 기도한다.

향일암의 중심 전각은 관세음보살이 주불로 모셔진 원통보전이다. 향일암은 644년(신라 선덕여왕 13) 원효 대사가 관세음보살을 친견하고 원통암이라는 이름으로 창건한 암자다. 이후 950년(고려 광종 9) 윤필 대사가 원통암의 형세를 보고 금오암이라 이름했고, 1715년(숙종 41) 인묵 대사가 관음전 아래에 대웅전을 지어 금불상을 조성 봉안한 뒤 '해를 향하는 암자'는 뜻의 향일암으로 이름을 바꾸었다.

향일암에는 예로부터 전해오는 이야기가 많다. 바위틈(혹은 돌문) 7곳을 모두 통과하면 칠성님께 복을 받는다는 전설도 그중 하나다. 돌문은 계단 길 입구에 2곳, 평길 입구에 2곳, 원효 대사가 수도했던 상(上)관음전 가는 길에 2곳, 흔들바위 입구에 1곳으로 총 7곳이다. 나도 돌문을 지나며 혼자 뿌듯해했다.

풍수지리적으로 향일암의 지형은 경전을 등에 지고 용궁을 향해 바닷속으로 잠수해 들어가는 거북의 형상이다. 아침에 떠오르는 햇빛을 받으면 향일암과 뒷산이 황금빛으로 빛나서 금거북처럼 보인다고 해서 산 이름은 금오산(金鰲山), 절 이름은 영구암(靈龜庵)이라 했다. 향일암과 경상남도 남해군 보리암, 세존도를 연결해 이룬 삼각형의 한가운데 지점이 용궁이라는 재미있는 전설도 전해지고 있다. 금오산 정상에 올라가서 보면 정말 거북 형상의 돌을 볼 수 있다. 마치 거북의 등 위에 올라와 있는 듯한 느낌이 든다.

원통전 왼쪽으로는 천수관음전이 있다. 천수천안관세음보살과 용왕 대신 선재 동자를 모신 전각이다. 천수관음전 주련에는 "사대주에 구름 펼쳐 비 내리고 다섯 가지 꽃을 피워 천만 목숨 구하네. 중생 제도 한 생각 무념으로 돌아가 백 가지 곡식으로 바다 같은 중생 거두네."라는 문구가 적혀 있다. 천 개의 눈과 천 개의 손을 가진 천수천안관세음보살님이 따뜻한 눈길로 우리를 지켜보며 도와주고 계신 것만 같다. 천 개의 눈, 천 개의 손은 상징적인 의미이고 사실 관세음보살님은 우리 주변에 다양한 모습으로 함께하고 계신다. 내 삶에 알게 모르게 도움을 주는 수많은 사람의 은혜가 있기에 지금의 내가 존재한다. 바로 그분들이 관세음보살이다.

관음전 쪽으로 오르다 보면 해수관세음보살이 자비로운 미소로 맞아 준다. 새벽부터 운전하느라 쌓인 피로가 싹 사라진다. 해수관세음보살은 자애롭게 바다를 내려다보며 사람들의 아픔과 고통의 소리를 듣고 간절한 소망을 이루어주고 계시는 듯하다. 특히 바닷가에서 일하는 분들의 안녕과 건강을 기원하게 된다.

향일암은 운문승가대학 학인 시절, 도반 스님들과 함께 기도했던 추억이 서려 있는 곳이기도 하다. 당시에는 순수한 마음으로 관세음보살님을 친견하고자 했던 간절함으로 대중교통으로 힘겹게 왔었는

관세음보살을 모시고 있는 향일암 원통보전.

데, 만약 혼자였다면 엄두도 내지 못했을 것이다. 도반들이 있어 행복했던 시절이다. 그때의 추억을 떠올리니 슬며시 입가에 미소가 번진다.

욕심내는 마음, 성내는 마음, 어리석은 마음을 버리고 늘 불법승 삼보에 귀의한다면 한 생각 한 생각마다 보리심이 생길 것이고, 우리가 사는 이 세상 곳곳이 극락세계가 될 것이다. 걸음마다 늘 관세음보살님을 생각하고 염한다. 관세음보살 관세음보살 관세음보살. 간절한 기도가 관세음보살님께 닿으리라 믿는다.

'무여 스님 TV'
향일암 편
바로 보기

사찰 정보

여수 향일암   전라남도 여수시 돌산읍 향일암로 60
061-644-4742

함께 볼 만한 곳

여자만

여수 서쪽에 있는 여자만은 바다 가운데 여자도(汝自島)라는 섬이 있어 붙여진 이름으로 여수, 순천, 벌교, 보성을 감싸고 있는 큰 바다다. 향일암이 일출의 명소라면 여자만은 대표적인 일몰 명소다. 길게 뻗은 해안선을 따라 웅장한 갯벌과 아름다운 노을이 어우러진 절경이 펼쳐진다.

나
오
며

2019년 사찰 여행을 시작해 어느덧 4년의 시간이 훌쩍 흘렀습니다. 세월이 참 빠르다는 사실을 실감하는 요즘입니다. 그동안 120곳이 넘는 사찰을 여행하며 많은 것을 보고 느꼈습니다. 우리나라에 아름답고 귀한 보석 같은 사찰이 정말 많다는 것을 알게 되었고, 여러분들과 함께 나누고 싶었습니다.

제가 다녀온 사찰 가운데 32곳을 계절별로 선정해 보았습니다. 사찰은 계절마다 다른 풍경, 다른 모습, 다른 향기로 저에게 다가왔습니다. 사찰 여행은 매 순간이 기도와 수행의 연속이었습니다. 사찰을 선정하고 준비하는 작업부터, 영상을 촬영하고 편집하는 그 모든 과정이 쉽지 않았습니다. 하지만 그 속에서 많은 것을 배울 수 있었습니다.

제가 사찰 여행을 하며 느꼈던 점을 이 책에 솔직하게 담아내려 노력했습니다. 독자 여러분들이 함께 사찰을 여행하는 기분으로 읽어 주셨으면 하는 바람으로 글을 썼습니다. 제 글이 책으로 나오기까지 담앤북스 출판사의 오세룡 대표님과 여수령 편집부장의 도움이 컸습니다. 그동안 수고 많으셨습니다. 감사합니다.

사찰 여행길에서 만난 스님들과 도움을 주신 관계자분들께도 감사드립니다. 그분들의 따뜻한 관심과 배려 덕분에 순조롭게 사찰 여행을 할 수 있었습니다. 묵묵히 저를 도와주시는 보리선원 불자님들과 낳으시고 길러 주신 부모님과 가족들에게도 감사의 인사를 전합니다.

부처님 품 안에서 부처님 법을 만나 좋은 인연들과 함께 수행할 수 있어서 행복합니다. 앞으로도 지금처럼 만나는 모든 인연을 부처님으로 여기며 수행 정진하겠습니다.

'무여 스님 TV'를 사랑해 주시는 분들께 이 책을 바칩니다.

당신은 부처님이십니다.

존경하고 사랑합니다.

우리 함께 떠나요

유튜버 무여 스님의 아름다운 사찰 여행

초판 1쇄 발행 2023년 5월 27일
초판 2쇄 발행 2023년 10월 27일

○

지은이   무여
펴낸이   오세룡
편집   여수령 허 승 정연주 손미숙 박성화 윤예지
기획   곽은영 최윤정
디자인   캠프커뮤니케이션즈
            고혜정 김효선 박소영 최지혜
홍보·마케팅   정성진

○

펴낸곳   담앤북스
            서울특별시 종로구 새문안로3길 23
            경희궁의 아침 4단지 805호
            대표전화 02)765-1251
            전송 02)764-1251
            전자우편 dhamenbooks@naver.com

○

출판등록 제300-2011-115호

○

ISBN 979-11-6201-401-1 (03910)
정가 16,800원

○